段階を追ってポイントが分かる

必携 幼稚園教育実習

監修・著　森元　眞紀子

編著　小野　順子

著　田中　修敬・山本　房子
　　笠原　明衣・福澤　惇也
　　齊藤　佳子

ふくろう出版

まえがき

　学生さんの中に、幼稚園教育実習を経験して、はじめて、先生になろうという意思が固まったとか、子どもを可愛く思う気持ちが強くなったとか、また、これまでの自分の生活を見直す機会になったと述べる方が少なくありません。教育実習は教員を目指す学生さんにとっては、子どもや保育実践についての理解を深め、教員に必要な技能や意識を高める上で大きな役割を果たしています。大学での講義の多くは頭で理解しなければならずどちらかというと受け身である場合が多いです。しかし、教育実習は自分のすべての知識、技能、人間性をフルに発揮して、子どもに対して行う主体的・実践的な活動です。そのため、教育実習は学生さんにとって感銘深いものになるのだと考えます。

　ところで、教育実習は学生自身の学びの向上であると同時に、実習生を引き受けてくださる園の子どもの成長・発達にとってもよい経験をもたらすものでなければなりません。そのためには教育実習に取り組む学生と教育実習生を引き受けてくださる園がどのような計画でどのようなことに配慮しておかねばならないかということについての理解とそのための努力が必要です。

　この教科書の著者は、全員、幼稚園教育実習の経験があります。また、現在・過去に学生さんたちの実習の事前・事後の指導に直接かかわっています。

　そのため、これから実習に取り組む学生さん一人一人が実習を自分のものとして、主体的に、意欲的に取り組み、最後までやり遂げることができる助けとなるものにと考えて、この教科書を作成しました。そして、できれば、実習終了後さらに幼稚園教諭としての研鑽を積み重ねていけるようにという思いから現代の幼稚園の諸問題のいくつかも内容に盛り込んでいます。

　内容の組み立てについても、実習の準備から実習終了後の振り返りまでをできるだけイメージできるように考えました。具体的には章だての工夫、文章表現を平易に、大事なところを明確に、堅苦しくならないようにページの空白部分にカットを効果的にいれる等の工夫をしたつもりです。

　悔いなく充実した幼稚園教育実習にするためにこの教科書がなんらかの形でみなさんの力添えとなることを期待するとともに、いろいろご意見をいただくことによって、本書を少しでも良いものにしていきたいと考えています。

　最後になりましたが、この教科書を作成するにあたって、岡山大学教育学部附属幼稚園、岡山市立伊島幼稚園、元中国短期大学保育学科の高山美帆さん、元中国学園大学こども学部こども学科の柴迫芽依さんから貴重な資料を提供していただきましたことを深く感謝いたします。実際の子どもや実習生の姿がイメージできるようにカットや写真をいれることを快く承諾してくださったふくろう出版の亀山様、カットを担当してくださった中村文香様に心より御礼申し上げます。

　なお、執筆分担は次のとおりです。

第 1 章　田中　修敬　　　　　　第 2 章　小野　順子　　第 3 章　小野　順子
第 4 章　小野　順子　　　　　　第 5 章　森元眞紀子　　第 6 章　森元眞紀子
第 7 章　山本　房子・笠原　明衣　第 8 章　小野　順子　　第 9 章　山本　房子
第10章　福澤　惇也・齊藤　佳子

2023 年 1 月

森元眞紀子

小野　順子

段階を追ってポイントが分かる

必携 幼稚園教育実習

目　次

目　　次

第1章　幼稚園教育とは

　幼稚園とはどのような施設なのか、幼稚園で行われる教育は何を大切にしているのか、そのポイントを一緒に確認しましょう。

1．幼稚園とは

1）幼稚園は子どもにとって最初の学校

　幼稚園は、文部科学省が管轄する学校です。学校教育法には、幼稚園から大学に至るまでの体系的に定められていますが、幼稚園は、学校教育の最初を担う施設として位置付けられています。

学校教育法　第一章　総則

> 第一条　この法律で、学校とは、幼稚園、小学校、中学校、義務教育学校、高等学校、中等教育学校、特別支援学校、大学及び高等専門学校とする。

2）幼稚園の目的と目標

　幼稚園の目的と目標は、下記のように学校教育法で定められています。幼稚園では、義務教育やその後の教育において基礎となる力を培うために保育が行われていることを、念頭に置きましょう。

学校教育法　第三章　幼稚園

> 第二十二条　幼稚園は、義務教育及びその後の教育の基礎を培うものとして、幼児を保育し、幼児の健やかな成長のために適当な環境を与えて、その心身の発達を助長することを目的とする。

> 第二十三条　幼稚園における教育は、前条に規定する目的を実現するため、次に掲げる目標を達成するよう行われるものとする。

一　健康、安全で幸福な生活のために必要な基本的な習慣を養い、身体諸機能の調和的発達を図ること。

二　集団生活を通じて、喜んでこれに参加する態度を養うとともに家族や身近な人への信頼感を深め、自主、自律及び協同の精神並びに規範意識の芽生えを養うこと。

三　身近な社会生活、生命及び自然に対する興味を養い、それらに対する正しい理解と態度及び思考力の芽生えを養うこと。

四　日常の会話や、絵本、童話等に親しむことを通じて、言葉の使い方を正しく導くとともに、相手の話を理解しようとする態度を養うこと。

五　音楽、身体による表現、造形等に親しむことを通じて、豊かな感性と表現力の芽生えを養うこと。

3）幼稚園に入園できる者

　幼稚園に入園できる者は、学校教育法で「満3歳から、小学校就学の始期に達するまでの幼児」とされています。

　ただし、園の地域性や実情によって、受け入れ方針や条件は異なります。

学校教育法　第三章　幼稚園

第二十六条　幼稚園に入園することのできる者は、満三歳から、小学校就学の始期に達するまでの幼児とする。

4）幼稚園における学級の編成

　幼稚園には、幼児の年齢等に沿って編成される「学級」があります。いわゆるクラスと呼ばれるものです。学級には定員が設けられており、一学級の幼児数は35人以下とされています。

　この学級は、学年の初めの日の前日において同じ年齢にある幼児で編制することが原則とされています。なお、学年は、4月1日から翌年の3月31日までに達する満年齢で決まります。4月2日から翌年4月1日までの生まれで、年少が満4歳、年中が満5歳、年長が満6歳になる幼児です。

幼稚園設置基準　第二章　編制

第三条　一学級の幼児数は、三十五人以下を原則とする。

第四条　学級は、学年の初めの日の前日において同じ年齢にある幼児で
　編制することを原則とする。

5）幼稚園教諭

　幼稚園では、学級を受け持つ保育者の職名を「教諭」と言います。立場
や役職によって、主幹教諭、指導教諭、教諭等があります。幼児の保育に
携わる者は、一般に広く「保育者」と呼ばれますが、それぞれの職種に固
有の職名（例　保育士、保育教諭等）があります。正しく理解して用いま
しょう。

幼稚園設置基準　第二章　編制

第五条　幼稚園には、園長のほか、各学級ごとに少なくとも専任の主幹
　教諭、指導教諭又は教諭（次項において「教諭等」という。）を一人
　置かなければならない。

　なお、幼稚園の教諭として働くためには、教育職員免許法で定められる
普通免許状（専修・一種・二種）を取得する必要があります。

6）幼稚園の教育週数と教育時間

　毎学年の教育課程に係る教育週数は、特別の事情がある場合を除き、39
週を下ってはならないとされています。また、1日の教育課程に係る教育
時間は、4時間を標準とすると定められています。

2．幼稚園教育の基本

1）人格形成の基礎を培う教育

　教育基本法第11条には、「幼児期の教育は、生涯にわたる人格形成の基
礎を培う重要なもの」と明文化されています。ここでいう幼児期の教育は、
『逐条解説 改正教育基本法』（教育基本法研究会編、2007）によると「お

おむね、生後から小学校就学前の時期の幼児を対象として、幼児が生活するすべての場において行われる教育を総称したもの」[1]と解されています。その教育のひとつとして、幼稚園教育は、生涯にわたる人格形成の基礎を培う重要な教育を行っているということを、押さえておきましょう。

教育基本法　第二章　教育の実施に関する基本

（幼児期の教育）
第十一条　幼児期の教育は、生涯にわたる人格形成の基礎を培う重要なものであることにかんがみ、国及び地方公共団体は、幼児の健やかな成長に資する良好な環境の整備その他適当な方法によって、その振興に努めなければならない。

2）環境を通して行う教育

　　幼稚園教育要領第1章の総則には、「幼稚園教育は、学校教育法に規定する目的及び目標を達成するため、幼児期の特性を踏まえ、環境を通して行うものであることを基本とする。」と示されています。なぜ、幼稚園教育は環境を通して行うのでしょうか。

　　それは、幼児期が生活を離れ、大人から知識や技能を一方的に教えられて身に付けていく時期ではないからです。幼児期は、幼児が自分の興味や欲求に基づき、周囲の環境に自ら働き掛け、直接的で具体的な体験を通して身に付けていく時期なのです。

　　心身の発達が著しく、周囲の環境からも影響を受けやすい幼児期だからこそ、どのような環境の下で生活し、その環境にどのように関わったかが、幼児の発達や人間としての生き方を左右するといっても過言ではないでしょう。

　　したがって、幼稚園教育では、幼児が身近な環境に主体的に関わり、環境との関わり方や意味に気付き、これらを取り込もうとして、試行錯誤したり、考えたりするようになる幼児期の教育における見方・考え方を生かすことが大切です。幼児が主体性を十分に発揮して展開する生活を通して、望ましい方向に向かって幼児の発達を促すようにすること、すなわち「環境を通して行う教育」が基本だということを覚えておきましょう。

3）幼稚園教育で重視されること

　幼稚園教育では、次に示す次項を重視して教育を行うことが求められます。

幼稚園教育要領　第1章　総則　第1　幼稚園教育の基本

> 1　幼児は安定した情緒の下で自己を十分に発揮することにより発達に必要な体験を得ていくものであることを考慮して、幼児の主体的な活動を促し、幼児期にふさわしい生活が展開されるようにすること。
>
> 2　幼児の自発的な活動としての遊びは、心身の調和のとれた発達の基礎を培う重要な学習であることを考慮して、遊びを通しての指導を中心として第2章に示すねらいが総合的に達成されるようにすること。
>
> 3　幼児の発達は、心身の諸側面が相互に関連し合い、多様な経過をたどって成し遂げられていくものであること、また、幼児の生活経験がそれぞれ異なることなどを考慮して、幼児一人一人の特性に応じ、発達の課題に即した指導を行うようにすること。

(1)　安定した情緒の下で自己を発揮すること

　皆さんが生き生きと自分の力を発揮できるのは、どのような状況でしょうか。イライラしたり落ち着かなかったりといった不安定な気持ちでは、もてる力を十分に発揮することはできないでしょう。幼児であればなおさらです。安心できる先生や友達、落ち着ける雰囲気や場所等があり、安定した情緒の下で生活が展開されることが何より重要です。

(2)　遊びを通しての総合的な指導

　幼児にとっての遊びは、遊ぶこと自体が目的です。何かの報酬を得るためでも、人助けのためでもありません。夢中になって、時が経つのも忘れるほど没頭し、楽しむことこそが幼児の遊びであり喜びなのです。こうした幼児の遊びには、成長や発達にとって重要な体験が多く含まれています。
　ここで、5歳児の缶蹴りの様子を例にして考えてみましょう。

> 　今日も幼児らは、自分の片付けを終えると、「缶蹴りしよう！」と園庭に集まって来た。逃げる役の幼児が「はじまった！」と缶を思い切り

蹴った。鬼役の幼児は遠くに転がった缶を取りに走り、子役の幼児らは園庭の方々へと隠れ場所を求めて散って行く。遊びを重ねるごとに、幼児の隠れ方は上手くなっている。不意をついて鬼のすぐ後ろ側に潜んだり、手洗い場の下のすき間に隠れたり、中には、砂場のネットにくるまったりする幼児もいる。また、鬼の様子を倉庫の陰からそっと覗いて確かめたり、缶を蹴るために飛び出すタイミングを、今か今かと計ったりする幼児もいる。

　1人、2人と鬼に見つかって捕えられ、鬼の陣地に連れて行かれる。しかし、仲間が助けに来てくれることを知っている幼児らは、仲間の助けを期待しながら笑顔で待っている。鬼が幼児を探しに出掛けたその時、1人の幼児が木陰から飛び出して缶を見事に蹴った。捕まっていた幼児らは、大声で「やったー！」と歓声をあげながら、遠くの隠れ場へと駆け出して行った。こうして遊びは延々と続いた。遊びが終わり、汗を拭きながら保育室に戻る途中、幼児らは「またしようね」「私、○○に隠れていたよ」等と、興奮気味に話をし、翌日の遊びを楽しみにする様子が見られた。

　上記の缶蹴りの場面で幼児は、どこに隠れようかと思考力を働かせたり、状況を見て缶を蹴るタイミングを判断したり、鬼から逃げ出せた喜びを体いっぱいに表現したり、楽しかった思いを言葉で伝え合ったり等しています。

　このように、一つの遊びを展開する中で、幼児はいろいろな経験をし、様々な能力や態度を身に付けています。そのため、教師はまず、こうした幼児の姿を多様な側面から総合的に捉えて理解することが重要です。そして、幼稚園教育要領の第2章に示される5領域（健康、人間関係、環境、言葉、表現）のねらいが総合的に実現されるように、常に幼児の遊びの展開に留意し、適切な指導を行わなければなりません。

　この適切な指導を行うためには、見通しをもった計画の中で、ねらいに向かう環境構成や援助を考える必要があります。例えば、幼児が帰った後、教師は缶蹴りに関わる幼児の姿を振り返るでしょう。翌日以降も、幼児が主体性を発揮して、より遊びを楽しむためには、生活の流れの中で十分な時間と空間を保障する必要があります。また、教師も思い切り体を動かして幼児のダイナミックな動きを引き出したり、友達の様子に気付くよう投げ掛けたり、困ったことが起これば幼児が思いや考えを言葉で伝え合うことができるよう援助することも考えておく必要があります。

　このように、幼児の主体性を大切にする指導を行おうとするならば、そ

れはおのずから総合的なものとなるのです。

(3)　幼児一人一人の特性に応じた指導

　幼児の発達は、おおよそ、どの幼児も共通した過程を辿ります。そのため、3歳児なら3歳児なりの発達の様相を理解しておくことが必要です。しかし、一人一人、家庭環境や生活環境が違っているように、人や事物への関わり方、環境からの刺激の受け方は異なります。同じように砂場で遊んでいるように見えても、そこで何を感じ、考え、実現しようとしているかは、一人一人違うのです。したがって、教師は、幼児が自ら主体的に環境と関わり、自分の世界を広げていく過程そのものを発達と捉えることが必要です。そして、幼児一人一人の発達の特性を理解し、今、その幼児に最もふさわしい指導をすることが大切です。

4）教師の役割

　教師には、幼児を理解する者としての役割、共同作業を行う者としての役割等、様々な役割が求められます。何より、人的環境である教師の行動や言葉、心情、態度といったあらゆるものが、幼児の行動や心情面に影響を与えるということを十分に認識しておくことが必要です。以下、3つの視点から教師の役割を見てみましょう。

(1)　教育環境を整える

　教師には、幼児の自発的な活動としての遊びに必要な教育環境を整えることが求められています。また、教師が教育環境を整えるだけでなく、幼児と共によりよい教育環境をつくり出していくことも必要です。言いかえると、①教材を工夫し、物的・空間的環境を構成する役割、②その環境の下で幼児と適切な関わりをする役割があるのです。

(2)　幼児の思いや活動をつなぐ

　幼児の主体的な活動を豊かにするためには、友達との関わりが欠かせません。集団生活の中で、幼児の思いや活動をつなぐよう環境を構成していくことも役割のひとつです。幼児が様々な友達との関わりの中で、多様な経験をし、その中で個々のよさを相互に認め合える集団を築いていけるようにしたいものです。

(3) 教師間の協力体制を築く

　教師同士の関係性は、幼児への関わりにも現れます。幼児の健やかな成長と発達を願うのであれば、まずは、教師同士が互いを尊重し合い、健全な関係を保つことが重要です。幼児一人一人を幼稚園の教職員全員で育てているという認識をもち、教師間の連絡を密にしながら協力して幼児理解を深めていきましょう。

第2章　幼稚園教育実習とは

1．教育実習の位置づけ

　みなさんが、将来幼稚園教諭を目指すためには、幼稚園教諭免許状が必要です。幼稚園教諭免許状を取得するためには、国が認定した教育機関で（以降養成校と称す）、教育職員免許法及び教育職員免許法施行規則に則った所定の単位を取得する必要があり、教育職員免許法施行規則第6条第1項で教育実習5単位の取得が規定されています。（「事前事後指導」として1単位、実習として4単位）

　幼稚園教諭になるために、養成校の講義や演習で幼児教育の原理などを理解し、それを基に幼児教育の方法や技術をいろいろな側面に分化した教科として学びます。（例：教育原理、教育の心理、保育内容（言葉）、言葉の指導法、子どもの理解と援助など）

　教育実習ではこれらの学習の成果を基に、いよいよ実際の幼児とふれあいます。それが総合的な学びとなり、教師としての実践力も身につきます。そして、実習後には再び実習で学んだことと反省点や疑問点を整理し、それを養成校で学び直します。理論と実践を、まず分化して学び、実習で統合し、そこで得られた反省点を分化して学び直す。このように分化と統合を繰り返しながら学びを深めていきます。従って、教育実習は幼稚園でのみ行われるものではなく、実習前の学習から始まり、実習後の学習で終わります。

2．実習の意義と目的

　幼稚園教育実習は、幼稚園教諭を目指しているあなたが、今まで身につけていることを基にして、教師としての実践力を身につける学びの場です。実習園では、たくさんの出会いと学びがあなたを待っています。まずは、4週間という期間の中で、園の子どもたちや担任の先生を始めとして教職員の方々とともに生活しながら、「幼稚園とは」「幼児を理解するとは」「幼稚園教育とは」「教師の役割とは」などについて体全体で感じ取り、理解しようと努めることに意義があります。

　また、幼稚園教育実習は、養成校で学んだ幼児や保育に関する知識や技

術を基に、実習園において保育の実践をする貴重な機会です。実際の幼児の姿に触れて、養成校で学んだ知識や技術をより確かなものにしたり、幼稚園教諭の仕事や役割について学び、教師としての使命や責任を自覚し、資質を高めたりすることを目的としています。単なる興味本位や免許取得だけを目的とした安易な気持ちで参加するのでなく、将来教師になるという明確な自覚をもって臨むことが大切です。

3．実習の目標

○　幼稚園教育を知る

　まず、「幼児期にふさわしい生活」「遊びを通しての総合的な指導」「環境を通しての教育」「一人一人の発達に応じた指導」などについて幼児と生活をともにしながら、体験を通して理解していきましょう。

○　幼児を理解する

　幼稚園教育における保育の営みは、「幼児理解」に始まり「幼児理解」に終わるといわれています。幼稚園教育実習の中では、保育対象である幼児を自分の目でしっかりと捉え、幼児の心の動きや発達の状況などについて理解していくことが求められます。養成校において学んだ知識としての幼児の姿を現実の幼児の姿と照らし合わせたり、一人一人の発達の実情について理解したりできるよう、できるだけ多くの幼児と接しながら、ありのままの幼児の言動や思いに触れていくようにしましょう。

○　幼稚園教諭の仕事の内容と役割について理解する

　幼児が、幼稚園という集団生活の場で情緒を安定させ、思い切り自己発揮しながら発達に必要な経験をしていけるように、指導担当教諭（担任の先生）は幼児と信頼関係を築きながら様々な役割を果たしています。担任の先生と幼児とのかかわりをしっかり観察しながら幼稚園教諭の役割について理解し、自分の実習に生かしていく姿勢が大切です。また、幼稚園教諭の仕事は、保育以外にも安全管理、環境整備、教材準備、家庭や地域との連携、保育所や小学校との連携、事務的な仕事や研修など多くの職務内容があります。これらの内容についても積極的にかかわりながら理解していきましょう。

○　幼稚園教諭としての保育技術を身につける

　実習生は学生としてではなく、幼児にとっての「先生」として実習園の

教職員と同じ立場に立って勤務することが望まれます。そして、実習は、幼児が環境に主体的にかかわり、必要な経験をして育っていくための指導や援助について実践的に学ぶ貴重な機会です。実習園の先生方の指示を仰ぐことはもちろんですが、学ぶ意欲をもち、失敗を恐れず、自分なりに工夫しながら積極的に取り組み、指導技術を身につけることが大切です。

○　幼稚園の社会的役割を知る

　現在の社会環境や子育て状況から、子どもが子どもらしく生き抜いていくために幼稚園に求められる役割は大です。現在幼稚園では、通常の保育時間終了後に、引き続き希望する子どもを対象に「預かり保育」が実施されています。また、地域における幼児期の教育のセンターとして、子育て支援に関する取り組みが様々な形でなされています。その実態や課題についても、しっかり関心をもって把握していきましょう。

○　幼稚園教諭としての資質を高めるための課題を知る

　実習中は、実習生としての課題をもって意欲的に取り組み、実際に幼児にかかわりながら、あるいは、担任の先生の保育を目の当たりにしたりしながら様々なことを実感することでしょう。実習後は、よりよい教師を目指すために、実習を振り返りながら、幼稚園教諭としての適性や資質を高めるための課題を見出すことが必要です。

4．教育実習の進め方

1）学びを深める実習中の生活

　実習中は毎日幼稚園に行きます。担任の先生と同じように幼児が登園する前に出勤し、幼児の降園後は保育の準備や反省会を行い、次の日の実習に備えます。実習の学びを確かなものにするためには、毎日繰り返される生活をただの繰り返しと捉えず、「実践─振り返り─改善」を繰り返すことが大切です。

2）実習の段階

　幼稚園実習は、大きく分けて「観察実習」「参加実習」「指導実習」の3段階で行われますが、実習以前に見学実習を実施する養成校もあります。どの段階もそれぞれの課題があり、その課題が次のステップにつながって

いきます。その段階は、厳密に分けられているとは限らず、一部分が重なりながら次に進んでいく場合もあります。

(1) 観察実習

　観察実習では園やクラスの約束事や生活の流れを学びます。「3歳児クラスから5歳児クラスまでを観察する」「担当クラスで、幼児の様子や担任の先生のかかわり方などについてじっくり観察する」など、具体的な方法は園によって異なりますが、ここで観察したことが、次の参加実習や指導実習に生きていきます。

(2) 参加実習

　担任の先生の指示のもとで幼児と一緒に活動し、補助的な役割を果たしながら教師の役割について学びます。また、観察実習を通して学んだことを踏まえ、実際に幼児とかかわりながら、幼児理解を深めたり、信頼関係を築いたりしていきます。そして、参加実習での学びやかかわりが、次の指導実習へとつながっていきます。

(3) 指導実習（責任実習）

　観察及び参加のそれぞれの段階を積み上げた最終段階の仕上げの実習です。実習生自らが指導計画を立案し、環境を構成し、指導展開して評価を行います。

　この指導実習では、1日の保育の流れの中で、ある特定の活動を担当する「部分実習」から始めて、次第に指導する活動の種類や時間を増やし、最後に1日全体を指導する「全日実習」までを体験します。

第3章　教育実習に向けて

1．実習への準備

1）幼稚園教育について理解する

　幼稚園教育の基本を理解するために、まずは、第1章や幼稚園教育要領を読み直し、幼稚園教育の全体像をつかみ、子どもの興味、能力、生活習慣などの発達に関する知識を再確認しましょう。

2）実習園について理解する

　「事前訪問」（p16を参照）に参加することで、自分の実習する園の特徴や教育方針、環境等を理解します。

3）教材研究をする

⑴　教材を選ぶ際の留意事項

　教材は、幼児の生活に広がりや深まりをもたらし、豊かな心情や、いろいろなことに取り組もうとする意欲などを育んでいくものです。幼児の発達や季節、生活の中での興味・関心を考え合わせて取り入れていきましょう。その際、教材のもつ意味や遊び方などを十分研究しておきましょう。少なくとも、自分が指導しようとする活動について、必要と予想される幼児の経験や教育的意義などを調べたり、教師としての配慮や援助を事前に確認したりしましょう。

○　季節の行事、自然の様子を調べる

　季節の行事、例えば、5月の端午の節句や7月の七夕、10月の運動会など、幼稚園で取り入れている行事について、その文化の由来や内容について調べておきましょう。また、季節の変化を感じられる自然物を使った遊びは、春の草花を使った遊びや夏の水遊び、秋の木の葉や木の実遊び、冬の氷や雪の遊びなど、その季節ならではの遊びがあります。

○ すぐに遊べる遊びを調べておく

　年齢ごとに、比較的簡単に遊ぶことのできる遊びをいくつか用意しておきましょう。かくれんぼや鬼遊び、わらべうたなどの集団遊びはいろいろなバリエーションで楽しむことができる遊びです。また、小さい頃によく遊んでいた遊びは自信をもって幼児の前ですることができます。幼児の年齢に適した遊び方をイメージしながら、思い出しておきましょう。事前訪問の際、今、どのような遊びが流行っているかを尋ねておくことも大切です。

(2)　実習で使用が予想される材料・用具を調べる

　教材研究に際して、多くの用具や材料が必要な場合もあります。自分の所持品は、活動に必要なものがそろっているか調べておきましょう。特に、絵画製作活動の場合には、材料の状態が活動に適したものであるかどうかの確認も必要となります。

　絵画製作に関連する用具や材料としては、のり、セロハンテープ、ビニールテープ、ガムテープ、ステープラー（ホッチキス）、ボンド、はさみ、カッターナイフ、のこぎり、クレヨン、パステル、サインペン、コンテ、水彩絵の具、鉛筆、筆、空箱やカップなどの空き容器、画用紙などがあります。また、表現活動のうち、音楽活動に必要なものとしては、カスタネット、タンバリン、トライアングル、スズなどが多く用いられます。視聴覚機器もいろいろあります。それらを有効に活用しましょう。

4）事前訪問で提示された課題について学ぶ

　事前訪問において準備するように指導されたことについては、早めに準備に取り組みます。また、弾き歌いや手遊び、絵本の読み聞かせ、ペープサート、パネルシアターなど年齢ごとに得意なものをいくつか実践できるよう練習しましょう。特に、弾き歌いは練習時間が必要なので、事前訪問の時に、課題曲の提示を受けておくと実習開始までに練習でき、安心して実習に臨むことができるでしょう。

5）持ち物の準備をする

　実習中は、筆記用具や実習日誌、メモ用紙、印鑑などが必要です。その他にも、実習着、室内シューズ、園庭用運動靴など園で指示されるものがあります。早めに用意し名前を記入しておきましょう。室内シューズや園

庭で使用する運動靴は、幼児に読みやすいように名前を書き、汚れのない
ものを用意しておきましょう。

　準備ができたものは、チェックをしましょう。

6）健康に配慮する

　実習中は、日誌の記入や指導案の作成、教材の準備など時間をかけて取
り組むものが多くあります。明るく元気に、溌剌とした気持ちで、全力を
尽くして、実習ができるよう健康面を万全にしておきましょう。

2．幼稚園見学

1）目的

　4週間の実習に入る前に、あらかじめ幼稚園を訪問し、「幼稚園とはどん
なところか」「幼児はどのように生活しているのか」「教師はどのような
仕事をしているのか」など、見学を通して大まかに幼稚園の概要を理解す
るためのものです。この見学を通して理解したことをもとに、さらに実習
へ向けての学びや準備を深めていくことから、実習の第一段階といえます。
実施方法は養成校によって異なりますが、半日程度のプログラムの場合が
多いようです。見学の場を提供してくださった園への感謝の気持ちを忘れ
ず、学ぶ姿勢をもち、しっかりとメモをとりながら見学することが大切で
す。

　見学の目的としては、以下のものが挙げられます。
- ○　園での生活の様子や1日の流れについて知る
- ○　先生方の幼児へのかかわり方や遊びの展開の仕方について学ぶ
- ○　物的環境（敷地、建物の構造・配置および施設・設備等）を把握
する
- ○　幼稚園の沿革と教育の基本方針を知る

　幼児の幼稚園生活の邪魔にならないよう、実習に向けての予備知識の機
会を与えてもらっていることに対する感謝の気持ちで臨みましょう。

2）留意事項

　見学の際には、以下のことに留意しましょう。
- ○　幼児の活動の邪魔にならないよう、メモをとる

○　保育活動を参観する場合は、私語等をしない

３．事前訪問

１）目的

　実習の初日から、幼児と積極的にかかわり、スムーズに実習生活を始めるために、前もって実習園の先生から、地域や園の様子、クラスの幼児の実態などについて、オリエンテーションを受けます。「幼児とかかわりたい」「先生方の指導を見たい」と、それまで、漠然としていた実習への思いが、オリエンテーションを受けることで、幼児や先生方とかかわるためのヒントが見つかり、実習生自身の実習の課題が明確になります。

２）留意事項

(1)　事前訪問まで

　実習の２～４週間前程度に行うことが理想でしょう。そのためには、あらかじめ実習園へ電話でオリエンテーションを受ける日程を決めていただくよう依頼することが必要です。みなさんが予定している日程と園の都合があわない場合もあります。別途の日時を指定されることもあるため、おおよその期間中であればよいのか、余裕をもって候補となる日を２～３日程度、考えておきましょう。

　また、訪問当日の持参品などがあれば併せて聞いておくことが大切です。訪問時間が昼食をはさむ場合には、各自弁当を準備するか、給食をいただくかのいずれであるかを確認しておきましょう。

　実習園を訪問した際、交通手段や所要時間などを前もって調べた上で、通勤方法について確認させていただくことになるので、事前訪問までに、実習園の場所を確かめる意味でも、一度、実際に行っておきましょう。

(2)　訪問当日

　実習園を訪問する際には、礼を失しない服装を心がけますが、訪問当日に、幼児との交流があるかどうか、事前に確認し、幼児との交流に不都合をきたさない服装についても考慮しておきましょう。また、以下の実習に必要と思われるものを各自持参します。

　持ち物チェックリスト（確認ができたら、チェックをしていきましょう。）

筆記用具	実習日誌	実習の手引き（教科書）
幼稚園教育要領	訪問についてのプリント	室内シューズ
運動靴（園庭用の靴）	メモ帳	弁当
ハンカチティッシュ		

そのほか、事前訪問の日程調整の際、持ってくるように言われたものは必ず持って行きましょう。

(3)　園側に尋ねる事項

事前訪問では、実習に先立ち、園の概要を知る意味で教育目標、指導の重点、研究テーマ、職員・園児構成、地域環境、園の実態と問題点等について、オリエンテーションを受けます。これらの内容を事前訪問後、整理してまとめておくことで、実習までの準備がスムーズになります。以下の内容はただ受け身になって聞くのではなく、実習生の方から積極的に尋ねるよう心がけます。

事前訪問が終わったら、下記の①～⑥の内容をレポートにまとめ、実習までの自己の課題や教材準備に努めましょう。実習の成果を望ましいものにするためには、十分な事前準備が必要です。事前訪問からすでに実習が始まっているという自覚をもち、幼児とのかかわりをイメージし、「こんなことを試してみたい」「これを見せると、どんな反応がかえってくるだろう」と思いをめぐらせながら、準備を進めましょう。

①　実習園の概要

○　実習園の沿革

○　組織・職員構成

○　園児の構成

○　地域社会との関係

○　園舎や園庭について…便所や各部屋の使用の仕方、施設の管理上気をつけることなど

これらをあらかじめ知っておくことで、実習園がおかれている地域や保護者への理解が深まります。

②　実習中の行事予定

実習期間中にどのような行事があるのか、あらかじめ知っておきます。

例えば、参観日や遠足、避難訓練、誕生会など、園外、園内の行事を把握しておきます。このことは、実習期間中の教材選定の際に、行事と関連した内容を教材にする場合に役立ちます。

③　実習計画

部分実習や全日実習などの時期を把握しておくことで、事前の準備がしやすくなります。

また、年間指導計画、月間指導計画、園便りなど、実習に先立ち参考となる書類などがあれば見せてもらい、事前に研究するための参考とします。

④　勤務の心得

勤務時間、出勤時刻については具体的に尋ねます。〇時〇分にどこへ、どのような服装で行くのかを知って、それが実行できるような出勤時刻を決めます。また、勤務の態度、服装、その他実習に際しての心構えや心得についても具体的に知ることが大切です。次に、通勤方法を園へ知らせます。通勤は、公共交通機関の利用が原則ですが、やむを得ずバイクや自動車の使用を希望する場合は、この時、園側に申し出て許可を得、駐車場の確認も行います。

⑤　幼児の実態

担当クラスの決定は、実習園が決める場合と実習生の意向に添われる場合とがあります。訪問当日に希望を尋ねられた場合に慌てないよう、前もって、担当希望年齢を考えておきます。担当クラスが決まれば、担当するクラスの名簿を見せてもらい、実習までに、幼児の名前を覚えると、幼児との関係がよりスムーズに始められます。

時間的に余裕があれば、オリエンテーション終了後、保育参観させていただき、クラスの雰囲気をつかんだり、幼児達への親しみを深めたりする一助とします。

⑥　諸経費

園外保育の交通費や給食費がある場合は、費用を実習最後の日にまとめて支払います。事前訪問の際に必要な経費について尋ねておきましょう。

⑦　検査項目

検便やウイルス性の病気に対する抗原検査結果の提出を求められた時は、何ヶ月前、何日前のものか事前訪問で尋ねます。そして検査結果が提出日に間に合うように医療機関に問い合わせることが大切です。

4．実習課題

　ここでの「実習課題」とは、1日だけでなく実習の全期間（4週間）を通して、「自分の学びたいこと、知りたいこと」です。例えば、以下のような課題を設定することで、どのような視点をもって実習に取り組めばよいかということが明確になります。

　そして、この学びを基に実習終了後に実習レポート（p105参照）を書くことになります。

○　幼児期の子どものトラブルの要因と教師の援助

○　5歳児の協同性とはどのような場面でどのような姿でみられるか

○　幼児期の当番活動の実際と教師の役割

○　幼児期における片付けの意味と教師の援助

○　飼育・栽培活動を通して幼児が身に付けるもの

　このように具体的な活動をあげ、そこで予想される幼児の学びや教師の指導などを中心にして自分が学びたいことを考えてみましょう。

　4週間、実習生として、長期的に子どもたちの生活や教師の指導の様子を観察したり、実際にかかわったりすることによって、さまざまなことを学ぶことができます。「どのような活動を幼児と試したいのか」「この時期のトラブルは何が原因で起きるのだろう。先生はどのように対応されるのだろう」「この時期の子どもの人間関係の構築のプロセスを学びたい」など、自分の学びたいことの課題をもって実習に臨みましょう。

第4章　教育実習の実際

1. 実習中の生活をイメージする

　今までにボランティアや幼稚園見学などを通して、幼児にかかわる経験を積み重ねてきました。また、事前訪問で実習園の1日の流れや教育の方針、幼児数やクラス数など、実習園の概要を学んでいることでしょう。しかし、実習では教師という立場で、幼児が活動する中に入っていかなければなりません。緊張しすぎることはありませんが、今日から教師として振る舞わなければならないという心構えをもって、実習中の生活を過ごす必要があります。実習中の生活について考えましょう。この章では、まず、園での実習生の動きを出勤から退勤まで順に説明しています。それから、実習が進むにつれて留意する点が違ってきますので、そのことについて書いています。

　では、これから、実習での生活をイメージしてみましょう。

1）実習生としての1日

⑴　出勤する

○　早めに！

　指定された出勤時間よりも、早く、出勤します。出勤すると直ちに自分の持ち物の整理や着替えをします。実習の初めの頃は、慣れていないので、何をするにも時間がかかります。園の先生方が仕事を始める時には、身支度が整っているように「早めに！」を心がけましょう。

○　遅刻！欠席！の時は・・・

　もし、やむを得ず遅れたり休んだりしなければならない場合には、必ず実習園に連絡すると同時に、養成校の実習担当者にも連絡します。連絡をしないと実習園と養成校では何かあったのかと心配し、迷惑をかけることになります。

○　明るくあいさつを！

　園に着いたら、まず、「おはようございます。○○です。よろしくお願いします。」と明るく元気な声で、言葉をはっきりと、笑顔であいさつしましょう。あいさつは相手に聞こえないと意味がありません。朝だけでは

なく、食事やおやつの時、1日が終わって帰る時、明るくあいさつをします。

(2)　幼児が登園するまでに環境の用意をする

　環境整備や安全確認をしながら掃除をします。幼児を迎える準備ですので、大事な仕事の1つです。どこに何があるのか確認したり、今日の遊びを予想したりしながら、園庭や保育室を掃除します。実習の初めの頃は担任の先生と行動を共にしましょう。そして、幼児が登園するまでの仕事を理解して、徐々に自分から動けるようにしましょう。

○　**保育室**

　窓を開け換気する。

　展示物が落ちていたら、元の位置に戻す。

　花や飼育物の世話をする。

　ロッカーや靴箱を拭く。

　時計の時刻を合わせる。

○　**園庭**

　水たまりがあれば、水をくみ取ったり、土を入れたりする。

　固定遊具が濡れていれば、乾いた雑巾で拭く。

　ガラスの破片、その他危険物や不潔な物があれば、取り除く。

☆何をすればよいか分からない時

　朝の仕事として、何をするかを事前訪問のオリエンテーションの時に聞いているはずですが、実際にはどうしてよいか分からないことがあります。

　分からない時は園長先生や主任、担任の先生のところへ朝のあいさつに行った時、「何から始めたらよいでしょうか。」と尋ねましょう。分からないことは、「すぐ聞く」ことがスムーズな実習につながります。また、頼まれたことが終わったら「○○出来ました。よろしいでしょうか。」と必ず、報告します。

---

(3)　幼児を迎え入れてから、保護者に引き渡すまで

①　幼児を迎える（登園）

　1日の大切な出発です。幼児は、昨日のできごとや登園途中のできごとなどを先生に伝えたいと胸をふくらませて登園してきます。そのような幼児の気持ちをしっかり受け止めましょう。笑顔で一人一人を迎え、あいさつを交わしながら余裕をもった気持ちで、幼児の様子を次のような視点で観察しましょう。

・顔色がよく、目が輝いているか

・情緒が安定しているか

・流行性の病気（風疹・水痘・流行性耳下腺炎など）が流行っている時は、かかっていないか、また、治って登園した場合には、担任の先生に伝え、容体をよく確かめる

　情緒の不安定な幼児には、担任の先生から指導方針をよく聞き、それに準じて十分話を聞いたり、声を掛けたり、見守ったりして安心して1日が過ごせるようにします。また、健康のすぐれない幼児の様子は、できるだけ早く担任の先生に報告しましょう。欠席している幼児については、担任の先生より理由を確認しておくことが必要です。持ち物の始末などについては、一人一人の発達に応じて今何を指導すればよいのかを担任の先生とよく相談してから指導し、少しずつ身に付くようにしましょう。

② **幼児と一緒に遊んだり、観察したりする（先生や友だちと生活する）**

○　**遊び**

　幼児の生活は遊びが中心であり、遊びの中には幼児が人として成長発達していくための基礎となる様々な体験が総合的に含まれています。幼稚園における遊びは、幼児自らが周囲の環境にかかわって心や体を働かせ、活動を作り出していくものです。幼児は没頭して遊ぶ中で、様々な体験を重ねながら、多くのことを学んでいきます。幼児自らが興味や関心をもち、意欲をもって遊びを展開していくために留意しなければならない点について、いくつか挙げておきましょう。

・遊びが幼児によって生み出されていく過程を大切にしましょう。遊びというと大勢の幼児が参加して活発に動いている状態や、○○ごっこと称して遊びが盛り上がった状態を期待しがちです。その結果、ともすれば遊びを発展させ、盛り上げていくことだけに力を注ぎがちですが、遊びの中で一人一人の幼児に何が育っているのかをしっかり見つめていかなければなりません。

・遊びの展開に応じて総合的な指導を行うことが大切です。幼児が生き生きと自発的に取り組む遊びの中には、心や体の発達を促すための様々な体験が総合的に組み込まれています。例えば、砂遊びの場では、全身を使って穴を掘ったり、山を作ったりするだけでなく、友だちと言葉を交わしながら、交替して水汲みをしたり、砂や水の性質に気付いたりしています。こうした遊びの中で様々な体験を重ねていくことで発達しているといえます。したがって教師は、幼児が遊びを通して発達していく姿を様々な側面からとらえながら、幼児にとって必要な体験が得られるような状況をつくり出していくこと、そして、遊びの

展開に応じて適切な指導をしていくことが大切です。

○　**生活**

　幼児は本来、その時期が来ると、十分にできなくても自分でしようとし、できたことに満足します。この「やりたい」という意欲と、「できた」という喜びと満足感を大切にしなければなりません。幼稚園で何を身に付けることが必要かをとらえ、個々の幼児の発達に応じて援助し、無理なく身に付くようにしましょう。また、担任の先生は家庭とも連絡をとり合い、一貫した方針で指導されているはずです。反省会の時にお話を伺ってみましょう。

・昼食とおやつ

　幼稚園で友だちと一緒に食事をしたり、おやつを食べたりすることは、幼児にとって楽しいひとときです。健康な体で成長していくためにも、規則正しい生活をしていくうえでも、欠くことのできない大切なものです。衛生面に留意し、楽しく落ち着いた雰囲気の中で、食事ができるようにしましょう。よくかんで食べることが食事の基本だと言われていますが、あいさつや食事中のマナーや食後の始末などについても、教師が一方的に押しつけるのではなく、個々の幼児の育ちに応じて適切な援助を行い、徐々に自分でできるようにしましょう。また、食事の遅い幼児、偏食や牛乳の飲めない幼児については、個々の幼児の状態をみながら、無理のないように指導するとともに、家庭と連絡をとり合って協力を得るようにしましょう。

・清潔

　清潔の習慣は、健康な生活をするために必要なことです。不潔にしていると気持ちが悪いことに気付き、汚れたら自分できれいにしようとすることが大切です。手洗いやうがい、衣服の清潔についても、その必要性やどのような方法がよいのかについて、生活の中で気付かせていくようにしましょう。

・衣服の着脱

　着脱の習慣づけは、運動機能や感覚の発達とも深く関係しており、かなり長い時間がかかります。幼児の自立心を養ううえでも、根気よく見守りましょう。脱いだ衣服をたたむ、衣服の裏表や前後が分かり着る、ボタンやスナップをかける等、頑張ってしようとする姿や、できるようになった姿をしっかり認めましょう。さらに気温に応じて衣服を調整したり、遊びに適した身支度ができるようにするなど、毎日の生活の中で習慣づけましょう。

・排泄

　便所はとかく不潔になりやすい所です。常に明るく、清潔にしておくとともに汚さないで用便できるような工夫をすることが大切です。便所では、一人一人の様子をみながら正しい使い方を知らせましょう。

・片付けや身の回りの始末

　片付けは遊びの延長と考え、明日の遊びの準備となるような片付けをしたり、また次に遊ぶ人が使いやすいようにという気持ちで片付けたりすることが大切です。教師の都合で片付けさせるのではなく、自分たちの生活の場を生活しやすいようにみんなで整えようとする気持ちが自立心につながっていきます。そのためには、幼児にとって片付けや身の回りの始末が、どのような意味をもっているのかを十分理解させるとともに、整理しやすいような環境の工夫や、個々の幼児の活動に応じた援助が重要となってきます。

○　当番活動・係活動について

　幼児は元来手伝いが好きで、教師に認められることを喜び、みんなの役に立つことを誇りに思います。初めは、教師のしていることに興味をもって手伝うことが多いです。しだいに園生活をより楽しくするために、自分たちがしなくてはならないことに気付き、主体的に受け止め、やがて自分たちのものとして取り組むようになっていきます。このような過程の中で、役割分担がなされ、仕事を進めていくのが、当番活動や係活動といえるでしょう。自分たちの働きで、園内の花や野菜、飼育物が育っていく過程や、その他、園生活に必要な仕事が進められる過程で得られる喜びや感動を大切にし、充実感や達成感を味わいながら、社会生活のルールや習慣を身に付けていきます。幼児が園生活に必要な仕事を進めていくにあたっては次のようなことに留意しましょう。

・一人一人の「やりたい」「手伝いたい」という気持ちや動きを大切にし、見逃さないように認め励ますことによって、しだいに他の幼児にも広げていきます。

・先行経験や技術面における発達の違いから、主体的に取り組むようになるまでには個人差が見られます。それぞれの幼児の取り組み方に目を向け、内面を理解しながら、発達に応じてあせらず指導していきます。

・役割を分担していく場合は、仕事の内容や人数、交替などについて、幼児の取り組みや考えを見たり聞いたりします。当番や係を決めることやすることが目的ではありません。自分たちの園での生活を豊かにするために、友達同士協力し、助け合う気持ちを大切にしましょう。

・活動が楽しくできるよう、用具や物の配置や時間などに十分配慮しま

しょう。

○　**降園**

　幼児を落ち着いた気持ちで降園させることはとても大切なことです。ゆとりをもって帰り支度をさせ、次のことに配慮しましょう。

・衣服を整えて持ち物を確認させ、忘れ物がないようにしましょう。

・明日の遊びへの期待と意欲がもてるよう、安定した気持ちで降園できるようにしましょう。

・特に注意を与えた幼児には、必ず声をかけて気持ちよく帰らせましょう。

・迎えの人を確認して降園させ、保護者と連絡をとることがあれば、この時間を利用しましょう。

（4）　幼児を保護者に引き渡した後

①　清掃する

　保育室の掃除は、今日の幼児の様子を思い浮かべながら、明日の生活がしやすいように心をこめて丁寧にします。

・必要のない物は片付け、室内のすみずみまできれいにする。

・不潔になりやすい流しやその周り、また、出入り口の敷居などは、毎日丁寧に掃除をする。

・飼育物の世話をする。（餌やり、清掃）

・遊具戸棚、靴箱の清掃をする。

②　明日の保育に向けての準備をする

　明日の保育のために、今日の幼児の遊びに基づいて、具体的なねらいや内容を設定し、それにふさわしい環境をつくり出すことが大切です。また、いろいろな施設、設備の点検も必要です。

・今日の遊びを反省する。

・幼児の興味や欲求、遊びの流れなどを理解する。

・明日の具体的なねらいや内容を考える。

・幼児が活動を生み出したくなるような環境を工夫する。

・材料や遊具、用具は、幼児の欲求に応じてタイミングよく出せるように十分準備する。

・幼児の興味や能力には個人差があるので、一人一人の思いが実現できるような遊具や材料を用意する。

・幼児が親しみやすく楽しい雰囲気が感じられるように、季節の草花を飾る。

③　実習反省会に参加する

　実習中は幼児の降園後、毎日担任の先生との反省会が開かれます。園の

先生方は、幼児の降園後も打ち合わせ、事務的な仕事や記録の整理等の仕事がある中で反省会をもってくださっています。感謝の気持ちをもって次のことに留意します。

・反省会では、積極的に質問をしましょう。
・質問をするためには、常に問題意識をもって幼児の言動や担任の先生の保育を見ましょう。
・質問内容は幼児の降園後、まとめておきましょう。
・質問する時は、簡潔に話しましょう。
・反省会で、保育指導について反省を述べる時は、指導案の反省・評価の観点を中心に、何故うまくいかなかったか、次回に向けてどのようにすればよいと考えるかを述べましょう。
・他の実習生の保育を見て意見を述べなければならない場合もあります。その際「良かった。悪かった」という評価ではなく、良いと考える理由、悪い場合は自分ならばどのように考えるかまで述べるように努力しましょう。

⑸　退勤する

　退勤時間になったら、帰る前に、頼まれていることがある場合は見ていただき、手直しをする部分の有無を確かめ、何をどこまでし終わったのかをきちんと報告することを忘れないようにしましょう。そして、帰りのあいさつを園の先生にします。「時間になったのだから先生にことわらずに帰る」という実習生がいました。これでは園の先生方は「知らない間に、実習生がいなくなった」と大騒ぎになります。きちんとあいさつをしてから退勤しましょう。

　職員室の先生にあいさつする場合は、荷物を職員室の外に置いて中に入り、「○○組の実習生○○です。もうすることはありませんか。」（何もないという返事があったら）「お先に失礼します。」と、元気な声であいさつします。そして「どうぞ」という返事を聞いた後に、外へ出て荷物を持って帰りましょう。

２．実習に臨むにあたって大切にしたいこと

○　感謝の気持ちをもって臨みましょう

　自ら学ぼうという意欲をもって実習に臨んでいく気持ちが大切です。そして、先生方への感謝の気持ちや学ばせていただいているという謙虚さを忘れないようにしましょう。

○　許される範囲内で自分らしさを発揮しましょう

自分がどのように見られ、評価されているかということも気になるかもしれません。特に、就職を考えている園なら、なおさらでしょう。しっかりとやっていこうという緊張感はある程度は必要ですが、緊張しすぎると幼児に楽しさを伝えることができません。4週間という長い間一緒に過ごす先生方や幼児です。自分の良いところはその間にきっと伝わります。明るい笑顔で、元気はつらつと先生方や幼児に接しましょう。

○　日々「実習のねらい」をもって臨みましょう

☆実習のねらいについて

「実習のねらい」とは

大学によって、呼び方は様々ですが、「保育のねらい」ではなく、「その日の実習で学びたいこと」という意味です。そして「今日、幼稚園での、1日の生活の中で何を学びたいのか」を具体的に考えることを、その日の「実習のねらいをもつ」といいます。慣れない幼稚園での生活は、右往左往しているうちに1日が終わってしまい、実習日誌を書く時になって何を書いたら良いか困ってしまいます。そうならないように、次の日、自分が担任の先生の保育や子どもたちとのかかわりを通して学びたいことを具体的に考えることが「実習のねらい」となります。

「実習のねらい」の考え方

「実習のねらい」を考える時、まず幼稚園の生活の中で、自分が「知りたい」「はっきりさせたい」と思うことを具体的に考えます。例えば「片付けの時、先生は、どこでどのような援助をしているか」「遊びの場面、登園などの生活の場面ごとの、ものの配置はどうなっているか。また、誰がいつ入れたり出したりしているか」などです。実習の初めの頃は幼稚園での生活に慣れるためのことを中心に考えますが、生活に慣れてきた頃からは、指導案を書くことを意識して、自分が指導する場面での先生や幼児の動きや環境構成のあり方を中心に具体的に考えましょう。

「実習のねらい」の具体例

＜実習の初めの頃＞

「幼児の名前と特徴」

幼児の名前を覚えるだけでなく、その遊びの様子を同時に観察し記録すると、一人一人の特徴を早く捉えることができます。

「保育の1日の流れ」

活動の始まる時間と終わる時間とその内容だけでなく、そのための準備

を担任の先生は、いつからどのようにしているかも覚えると、次は自分から動けるようになります。

「幼稚園の環境」

施設・設備・遊具や用具の配置など、どこに何があるのかを把握して、幼児との生活や遊びの場面で困らないようにしましょう。

＜実習に慣れてきた頃＞

「個々の幼児の発達について理解する」（片付けや食事などの生活習慣の様子、運動機能など）

「個々の幼児がどのような活動に、どのように興味をもっているかについて理解する」

「個人とグループやクラス全体での活動の指導方法とその違いについて理解する」

「担任の先生の動きとその意図について理解する」（立ち位置、姿勢、言葉かけや具体的な援助など）

「幼児同士のトラブルやいざこざが起こった時の対応について学ぶ」

○　メモをとりましょう

☆メモのとり方

　メモをとる時はズボンやエプロンのポケットに入るくらいのメモ帳と、手の中に入るくらいの筆記用具を用意し、手早く記録します。折りたたんだ紙を使うと紛失しやすいので、メモ帳を準備しましょう。

　慣れないと、記録することに集中しすぎて幼児とのかかわりや自分の周囲の状況が把握できなくなるので、メモをとる要点を押さえておく必要があります。

〈メモをとる要点〉

　　○　1日の流れ

　　　・　いつ、どこで何をどのようにしているか、時間だけでなく内容も

　　　・　活動と活動の区切りの時間とその様子

　　○　幼児の活動の様子

　　　・　できるだけ具体的に

　　　・　事実だけではなく、「嬉しそうに」「大きな声で」「泣きそうになりながら」など、後で行動の意図を推測する時の手がかりになるような言葉も添えて

　　○　教師の援助

　　　・　行動や言葉だけでなく、表情や声の調子など具体的に

　　　　　　　・　直接かかわっている幼児だけでなく、その時の周りの幼児の様子
　　　　　　　・　どのようなタイミングだったのかが分かるために、その時の状況
　　　　　○　その他
　　　　　　　・　保育にかかわることだけでなく、自分が担任の先生から指導された
　　　　　　　こと

　○　**報告・連絡・相談を心がけましょう**

　　幼稚園内で起きたことは、どんなに些細なことでも、必ず担任の先生に報告します。特に、事故（病気・けが・火事などの災害）が発生した時は、状況を正しく確認し、それぞれの事態に応じて敏速に適切な処置をし、必要な連絡や報告を忘れないようにします。冷静さを失わず、幼児に安心感をもたせるように、平素からその場に合った処置を知っておきましょう。

教師として子どもたちの前に立つにあたって心しておくこと

○安全への配慮
・幼児を対象とする幼稚園の生活では、安全への配慮を第一番に考えます。施設・遊具の管理や用具の使用、幼児へのかかわり方など、1つ間違えば危険なことになるという自覚が不可欠です。

○人的環境という自覚
・幼稚園の教育は環境を通して行われます。幼児は周りの環境から多くのことを吸収し成長します。環境には物的環境、人的環境、社会的環境があります。実習生も幼児の前では人的環境です。幼児に大きな影響を与える存在であることを自覚し、自分の身なり、言動に配慮することが必要です。

○社会人という自覚
・実習期間中は、養成校での学生という立場から教師という社会人の立場になります。社会人として人間関係を円滑にするためのルールを守り、マナーを心がけるように努力しましょう。

３．実習最初の日

「第一印象が大切」という言葉があるように、実習初日で先生方のあなたへの印象が決まることが多いですから、第１日目は特に配慮が必要です。必要以上に緊張しなくてもいいですが、きちんとした身なりで、明るく溌剌とした態度で臨みましょう。

１）前日の準備

事前のオリエンテーションでの学びを確認し、できた事項にはチェックの印をつけましょう。

チェック	確認事項
	実習園の概要
	勤務について（出勤時間、服装）
	１日の保育の流れについて
	配属クラスの幼児の様子について
	園から指示された持ち物

また、初日ですので、服装・身だしなみには特に気を付けましょう。普通はスーツですが、保育着で来るよう言われた人は、きちんとした保育着で出勤しましょう。自分の持っている服の中でも、できるだけきちんとした物を選び、できればアイロンをかけましょう。

２）教職員との出会い

ボランティアや事前訪問で、先生方と親しくなっているかもしれませんが、今日からは学生ではなく、実習園の教職員の一員であるという自覚をもって、先生方にあいさつをします。

あいさつでは、「子どもたちとの生活を楽しみにしていること」「幼稚園の先生になるため、とにかく全力で頑張ること」などを、明るく大きな声で伝えましょう。

３）幼児との出会い

登園時に初めて幼児に会うという場合、幼児は見知らぬ人がいることに驚いたり緊張したりします。そんな時は、実習生から幼児の方に近寄って、明るく元気に「おはようございます」とあいさつしましょう。幼児が安心感や親近感をもってくれるように心がけましょう。

幼児の前であいさつをする場合は、印象深く受け入れられるように、自己紹介は事前によく考えておきましょう。「名前、どこから、何のために

来たのか、得意なもの」などについて、はっきり伝えましょう。好きな動物や食べ物などを絵やペープサートで示しながら話すと視覚的に訴えることができて、幼児たちは「あの先生、おもしろそう。一緒に遊びたいな」という気持ちになることでしょう。

4）実習最初の日の留意点

○　幼児の名前と特徴を覚えるように努力しましょう

幼児の名前を覚えながら、遊びの様子と幼児の姿とを同時に捉えると一人一人の特徴も覚えることができます。

○　遊びや生活の様子を観察し、記録しましょう

ただ漠然と見るよりも、「○○を見よう」「先生はどこで何をしているのか」など具体的な視点をもって、そのことを観察、記録し、1日の終わりに「なぜ、そうなのか」について考えましょう。このことが、指導案を書く時に役に立ちます。

○　担任の先生の言動を模倣しましょう

実習生は単なる見学者とならず園生活の参加者になれるよう、幼児の動きを見たり、担任の先生の言葉を聞いたり、動きを見たり、物の位置を覚えたりしましょう。担任の先生の幼児への言葉かけの内容、声の大きさ、調子等を理解しておくと、きっと実際に指導する時、役に立つでしょう。

4．実習の段階と留意点

1）観察実習

⑴　観察実習とは

観察実習では、実習生は幼児の中に入らず保育を観察します。始めの1日から3日程度の間じっくりと保育を観察することで、幼児や教師の動きとその意図を理解でき、その後の実習生としての動きに生かすことができます。しかし、観察だけを行うのではなく、観察をしながら幼児の中に入る（＝参加する）園もあります。そのような実習の時は観察と同時に参加するという意味で「観察・参加実習」と言います。

⑵　観察実習のポイント

○　幼児の名前を覚える

幼児の名前や呼び方はできるだけ早く覚え、幼児と仲よくなることが、

幼児理解の第一歩となります。

○ **環境構成を理解する**

　幼稚園の施設・設備・遊具や用具の配置はもちろん、生活や遊びに必要な環境をどのように作り出しているのかなどについて、図示しながらメモしておきましょう。

○ **保育の1日の流れを理解する**

　登園から降園までの活動の流れと大まかな配慮事項を把握しておくことで見通しをもって積極的に動くことができるし、指導案を作成する時に大いに役立ちます。

○ **発達の特徴を理解する**

　3、4、5歳児それぞれで幼児の実態が大きく異なります。遊びの様子や友達との会話やかかわり、興味・関心、幼児自身でできることと教師が支えていることなど、幼児の遊びや生活の実態をよく観察し、年齢による発達の特徴をつかみましょう。

○ **クラスの幼児の実態を知る**

　担当クラスの幼児の遊びや片付け・食事などの生活のきまり、また、友達関係やその中での一人一人の役割や個性などについて、しっかり観察しましょう。

○ **担任の先生の動きや意図を理解する**

　担任の先生は、周囲に気を配りながらも幼児一人一人をしっかり見て、適切な援助を心がけています。担任の先生の一つ一つの動きの意味を読み取る努力をしましょう。その際、一つの方法として担任の先生の立ち位置や姿勢、言葉かけや具体的な援助など、その時の状況も合わせて具体的に記録しておきましょう。

(3)　**観察実習の留意点**

○　詳細に観察し、記録する。しかし、特定の幼児のみを追いかけたり、メモをとることに夢中になって周囲への配慮が疎かになったり、幼児の活動を妨げないようにしましょう。

○　幼児の普段の自然な姿を観察できるように、低い姿勢で目立たないようにしましょう。

○　近づいてくる幼児のみと特別な関係をつくるのではなく、どの幼児に対しても公平に接するように努力しましょう。

2）参加実習

(1)　参加実習とは

　担任の先生の保育方針に沿いながら、幼児とふれあい、共に楽しむ体験と、担任の先生の動きをまねながら保育にかかわっていくことの体験を通して、下記のことについて学びます。

○　幼稚園で生活することを通して、実習園の1日の流れを理解する。

○　幼児と共に遊びながら、幼児の思いや発達の実際を理解する。

○　教師の立場で幼児の生活にかかわりながら、援助の仕方を身につける。

　「1日の保育の流れ」「保育室の環境構成」「施設・設備の配置」を覚えることと「幼児との生活」に慣れることが大切です。そして、そのことを通して「幼児の思い」「教師の意図・ねらい・思い」を理解し、次の実習につないでいきます。

(2)　参加実習の内容

　担任の先生が指導計画を立案して、実習生に役割を指示されます。実習生は担任の先生の補助として幼児の中に入っていきます。幼児と共に生活しながら、その園の雰囲気を感じ取り、幼児の名前を早く覚え、配当されたクラスの保育の流れや、幼児・担任の先生の様子をしっかり観察し、理解することが必要です。

　実習の初めの頃は、何もわからない状態です。とにかく慣れることに重点を置きましょう。そして、慣れてきたら、次に自分がしなければならないことに気がつくようになりましょう。

(3)　参加実習の留意点

　幼児は、若くてはつらつとした実習生を歓迎してくれます。担任の先生の補助という立場をわきまえながらも、担任の先生の意図に沿って積極的に幼児とかかわりましょう。その際、近づいてくる幼児とだけ特別な関係をつくらず、どの幼児に対しても公平に接するように努力することが求められます。

　そして、担任の先生の言動を積極的に模倣します。単なる見学者ではなく、保育する立場になれるよう、幼児の動きを見て、担任の先生の言葉や動きを模倣して「なぜ、そうするのか」という理由を考えることが、次のステップの「指導実習」に役立ちます。

　また、観察・記録する時は幼児の生活の流れを妨げないように、幼児が自然の姿のまま活動できるように、次のことに留意しましょう。

○ 保育とその技術を習得するためには、幼児と共に生活しながら、一人一人の幼児に対する効果的な言葉かけ等の具体的な保育の知識などについて意識的に学ぶことが大切です。

○ 幼児が環境にかかわって活動する姿をしっかりとらえ、ねらいと環境構成、援助との関係性を学ぶことが、次の指導案作成へとつながります。

○ 1人あるいはグループでの活動（自ら選んだ遊び）と学級全体での活動の教育的意義を考えて、それぞれの指導方法と留意点を理解していきましょう。

○ 基本的な生活習慣（食事・排泄・清潔・着脱等）に関しては、一人一人の幼児の発達をとらえながら、個人差に応じたふさわしい援助の在り方について考え、指導していくようにしましょう。

○ 幼稚園教諭の職務内容について、保育の準備や片づけ、清掃などの部分にも率先して参加し、その実情を理解していきましょう。

3）指導実習

(1) 指導実習とは

　観察実習、参加実習と進んできた実習の最終段階が指導実習（責任実習）であり、今までやってきた実習を総まとめする段階です。それまで体験してきた実習を生かし、指導計画（指導案）作成→準備→指導→事後処理までを実習生が担任の先生の指導のもとに責任をもって行います。

　この指導実習（責任実習）には、1日の中の一部を担当する「部分実習」と半日あるいは、全日をまかされ全ての保育活動を行う「全日実習」とがあります。

　指導実習（責任実習）を行うにあたってはまず、指導計画（指導案）を作成しなければなりません。（指導案については第6章参照）

① 部分指導について

　部分実習は、担任の先生の指導計画に基づいて、一部分を実習生が担当するものです。1日の保育のねらいや内容を考慮し、前後の活動の流れからかけ離れたものにならないようにすることが大切です。

　活動は、幼児の発達や興味・関心、先行経験、季節などを十分に把握し、クラスの実態に即した内容が基本です。早めに担任の先生と相談しながら決定していきましょう。活動内容が決まったら、早めに指導計画案を作成し、（3日前が原則）担任の先生の指導を受けましょう。「もしも時間通りにいかなかったら」「もしも幼児が集中できなかったら」など、考えられ

るだけの「もしも・・・」といった事態を想定し、配慮しておくことが大切です。材料や用具は多めに準備しておきましょう。

②　全日指導について

全日指導は担任の先生にかわって、実習生が1日を担当するものです。その日の保育のねらいや内容を考え、1日の生活の計画を考えます。その月の指導計画、週案、前日までの生活、幼児の興味・関心などに即した生活をプランニングしましょう。

1日の生活の計画が決まったら早めに担任の先生の指導を受けましょう。それが決まったら日案を作成します。日案はデイリープログラムの流れを基本にして作成します。3日前までには担任の先生の指導が受けられるように準備しましょう。その1日が、幼児にとって楽しく充実した1日となるように、昨日までの生活の様子や意識の流れ等を考慮し、静と動、緊張と解放、室内と戸外、個と集団等生活のリズムや変化のある計画となるように心がけましょう。

指導実習当日には、今日1日、幼児を迎える準備から降園するまで、その全てに責任をもつという自覚が必要です。先生方全員に指導案を配り、「今日1日全日実習をさせていただきます。よろしくお願いします。」とあいさつをして始めましょう。どんなに綿密な計画であっても、実際の指導では、予想外の幼児の様子や天候などから変更せざるを得ないこともあります。指導案に捉われすぎず、臨機応変に対応していくことも必要です。朝の迎えとともに、降園準備の時間も1日のまとめとして大切です。時間に余裕をもって幼児と落ち着いた時間を共有しましょう。また、幼児の健康視診をし、身なりを整えて帰すことも大切です。

幼児の怪我や情緒不安定な面等があれば、担任の先生に連絡・相談して、保護者に連絡しましょう。

降園時には、保護者に「今日1日子どもたちの保育を担当させていただきました。・・・(感想・エピソード等)・・・。ありがとうございました。」というようなあいさつができるとよいでしょう。

(2)　指導実習の留意点

担任の先生から指導案に検印を押していただいたらいよいよ指導です。

準備するものや環境構成については、実際に保育指導するのと同じように用意しましょう。そして、指導する前日、担任の先生が園を退勤されるまでに最後の確認をしてもらいましょう。できれば一回は模擬保育を試み、幼児への言葉かけから行動についてまでを書いた細案をたてたうえで実際の指導に臨みましょう。

実習生として自分にまかされた時間を、自分のもてる力を総動員して愛情をもって幼児たちと向き合いましょう。指導中に、もし、指導する前には予想していなかったような困った場面・トラブルに遭遇した時には、途中投げしないで、何とかしようと一生懸命考え、幼児にとってどうすることが良いことかを考え実践しましょう。幼児は一つ一つ実習生の言動を見ています。実習生が自分たちのために一生懸命努力してくれている姿と出会うことは幼児の心にきっとよいものを培います。

⑶ 指導実習後の反省・評価について

保育は、計画→実践（指導）→反省・評価をすることによって深まっていきます。指導を行った後は反省・評価を明らかにし、幼児の充実した活動となるように保育内容や方法を改善し、教師としての力を付けていくことが必要です。

実習中は指導実習後、指導案を前にして担任の先生との反省会をもちます。そのあと指導案の下に設けられている反省・評価の欄に反省会での実習生の保育をしてみての反省と評価と担任の先生からの指導・助言などを整理して記入します。

指導実習後の反省・評価の観点は、指導案作成の第6章でも述べています。(p93を参照)

実習では、その時点での最善を尽くして計画、準備、指導をしますが、完成されたものを求められてはいません。担任の先生との話し合いから、幼稚園教諭として、どのように幼児理解や保育の技術を高めていけばよいのかを意識し、課題をもって今後の学びにいかしていくことが重要です。

実習生としての態度

・実習生としての自覚と責任をもって、幼児の指導にあたりましょう。
・幼児には公平無私の態度で接し、安全については特に留意しましょう。
・実習期間及び実習終了後において、園や幼児の情報に関して軽率な言動は慎みましょう。（地公法34「職務上知り得た秘密をもらしてはならない。その職を退いた後もまた同様とする。」と、法的にも守秘義務があることを謳っています。）
・実習中は指導担当教諭の指導のもとに積極的・主体的な態度で実習をしましょう。疑問点については、実習生のみで判断をするのではなく、かならず指導担当教諭の指示を仰ぎましょう。
・保育は、長期の計画をもって行われるものです。実習生がその中の限られた期間の一断面をみて、みだりに保育を批判するようなことは避けましょう。
・時と場をわきまえて、あいさつ（出勤時・退勤時）をし、保育をする上でふさわしい言葉を使いましょう。
・幼児や保護者に対しては、一人一人に平等にかかわるとともに、人権を尊重した愛情あるかかわりを心がけましょう。

第5章　実習日誌の書き方

実習生として実習の初日から実習の最終日まで、毎日書かねばならない
ものに「実習日誌」があります。ここでは、「実習日誌」を書く意味と書
き方の実際について述べます。

1．実習日誌を書く目的

実習日誌は、なぜ書くのでしょうか。

「実習日誌」を書く目的は、保育の流れやその日学んだことを文字で表
現することによって、（幼稚園教諭として成長する上で）学んでいくべき
ことを見つめ直すためです。

○　実習日誌は、園の先生方が読まれます。

実習日誌は、日々の実習の記録として毎日園に提出します。担任の先生
をはじめとして園の先生方が読まれます。反省会のとき、書かれている内
容について担任の先生から指導・助言を受けます。

2．実習日誌を書くプロセスについて

実習日誌はどのようにして書けばよいのでしょうか。実習日誌を書くプ
ロセスを考えてみましょう。

①　今日一日の保育（園での生活）を静かに振り返ってみましょう。

今日の自分の「実習のねらい」（p27）について学んだことはなん
ですか。また担任の先生と幼児との生活や自分と幼児とのかかわりを
思い出して心に残ったこと、考えさせられたこと、新たに発見したこ
と、疑問に感じたこと、調べたいと思ったこと（究明したいこと）な
どを明確にします。

②　書くスペースを考えて書く内容を組み立てます。

③　書く。

できれば下書きののち、ペンで書きます。訂正は二重線を引き印鑑
を押します。園によっては修正テープでの訂正を認めるところもある
ので、訂正方法についてはその園の担任の先生に確認しましょう。

以上から、「実習日誌」は実習生にとって、教師として成長する上で、学んでいくことは何かを見つめ直す場であるといえます。また、実習後読み返したとき自分の実習中の教師への成長の記録として残ります。この実習日誌の記入は、実習生にとって指導案の作成、日々の幼児との生活とともに教育実習の大きなウエイトを占めるものです。

3．実習日誌の書き方

1）記入する内容と書き方

　実習日誌の目的を達成するための実習日誌の書き方を述べていきましょう。

　実習日誌には、大きく分けると次の2つの内容を書きます。

　☆記入する内容・・・

　　　Ａ　出勤から退勤までの間に実習したことと保育の流れ

　　　Ｂ　幼児とのかかわりと担任の先生の保育から学んだこと

上記の2つのことを記入する実習日誌の1つの例が、表5－1－1です。

　＜Aの部分＞

　出勤から退勤までの間の幼児の活動、担任の先生の幼児へのかかわり、自分のしたことについて、記入します。具体的には次のことです。

　出勤から、幼児が登園するまでの環境構成、登園、遊び、片付け、昼食、昼食後の幼児の活動・遊び、降園準備、降園、掃除・環境構成、担当教諭との反省会、翌日の準備、退勤に至るまでの間の担任の先生と幼児との生活がどのように営まれているか、幼児が充実した生活を営むために担任の先生はどのように環境構成や準備や援助をしているか、また自分が何をしたかについて記入します。

　＜Bの部分＞

　その日の自分の実習のねらいについて学んだこと、その日、発見したこと・分かったこと、考えたこと、疑問に感じたこと、担任の先生からの指導・助言などを記入します。

　実習日誌は、次の項目から構成されています。表5－1－2と照らし合わせながら説明していきます。

表5-1-1　実習日誌（A）

実習生氏名（　　　　　　　　　）

月　日（　）曜日　天気（　　）男児（　　）名 （　　）組（　　）年保育（　　）歳児　女児（　　）名	指導者印	

保育のねらい（○） 及び内容（・）	・その日の保育の主なねらい・内容として設定されていることを記入する。 ・見学・観察・参加・部分実習の場合はできるだけ前日に質問して記入する。
実習のねらい	・今日の実習の中での実習生自身のねらいを記入する。 （例）積極的に幼児と接し、幼児の特徴や学級の約束事を知る。

時間	環境構成	幼児の活動	実習の内容
↑ ・出勤から退勤までの時間を記入する。	・文章表現や図示で具体的に記入する。	・１日の幼児の生活の流れを記入する。 （例） ○　登園する。 ・あいさつをする。 ・荷物を片付ける。 ○　自分で選んだ遊びをする。 ・積み木で遊ぶ。 ・砂場で遊ぶ。	・**現在形で書く。（～する。）** ・出勤から退勤までの**実習生自身の活動を記入す**る。文頭に○印をつける。 ・実習生の活動や幼児とのかかわりの中で配慮したこと、援助したことなどを具体的に記入する。 ・**教師の活動（教師がどのように指導しているか）を、よく観察して記入する。**文頭に◎印をつける。

指導実習を行った時間帯は赤で囲み、別紙参照と朱書きする。
そして、指導案を当日の日誌の後に閉じる。

・できるだけ、このページにおさまるように考えて記入すること。

1日の反省・感想

・その日の実習のねらいについて反省・評価したことを記入する。出来事、取り組んだこと、分かったこと、考えたこと、疑問に感じたこと、受けた助言などを具体的に記入する。

・「である」調で書く。
・文字は丁寧に、文字の大きさにも気を配る。
・文の初め、文の段落では、行を変えて1マス空ける。
・文章は簡潔に、要点を捉えて書く。
・幼児の個人名は書かない。（M男、K子などと記入する。園で指示があるのでたずねること。）

指導・助言

《Ａの部分》

ａ．月日・天気・その日の出席人数など

ｂ．保育のねらい及び内容
- その日の保育の主なねらい及び内容を記入します。
- 観察・参加・部分実習の期間のねらい及び内容は、担任の先生にできるだけ前日にお聞きして記入します。

ｃ．実習のねらい
　教育実習計画、実習課題、保育のねらい及び内容などから実習生のその日の実習のねらいを具体的に記入します。
＜参考例＞
- 自分の名前を覚えてもらい、幼児の名前と特徴を知る。
- １日の園の流れを知る。
- 実習生に話しかけてこない幼児に積極的に話しかける。
- ３歳児と４歳児、５歳児の違いを知る。その年齢にあった接し方を知る。
- 幼児の興味を引きつける導入の方法を学ぶ。
- 幼児に分かりやすい話し方を学ぶ。

ｄ．時間
　出勤から退勤までの活動の流れに沿って時間を記入します。

ｅ．環境構成
- 文章表現や図示で具体的に記入します。
- 文章表現の場合「何を」「どこへ」「どのように」準備・用意するのかを書くことにより、何のために、環境構成するのかが明確になります。

ｆ．幼児の活動
　１日の活動全てに渡って記入します。
　幼児の園生活の始めと終わりを示す「登園する」「降園する」は、幼児の活動の中に必ず記入します。

g．実習の内容

- 出勤から退勤までの実習生自身の活動を記入します。（文頭は○）
- 担任の先生の保育実践の配慮・援助などを具体的に記入します。（文頭は◎）
- 現在形で記入します。（〜する。）
- 幼児の活動1つにつき、実習の内容は保育のねらいに関することを中心に1つ以上記入します。

《Bの部分》

h．1日の反省・感想

- その日の実習のねらいについて反省・評価したこと、幼児とのかかわり、担任の先生の保育実践の事実をふまえて、感じたこと・考えたこと・学んだこと・反省したことを記入します。
- ☆ 反省・感想の部分は、単なる感想や見たことだけではなく、事実から学んだこと、考えたこと、分かったことを書きます。

i．指導・助言

原則的には指導担当教諭（担任の先生）が記入します。

☆ 記入にあたって留意すること

読む人がいることを想定して、ていねいに！具体的に！分かりやすく！

保育の流れを記入しようとしても、担任の先生の動きや言葉、それに対応した幼児の言動をただ何となく見ていたのでは、記入できません。

「先生は何故この言葉を○児に告げたのだろうか」「それに対して○児の思いは」、というように、保育を見よう・考えようとする姿勢がないと何も見えないし、何も感じることができません。その結果として、実習日誌が記入できないで時間のみ経ってしまうことになります。

保育を見る視点、考えたい視点がはっきりしていないと漠然としたことしか見えません。

☆指導実習の時の日誌の書き方

- 指導させていただいたところは指導案があるので日誌には書きません。日誌の書かない部分を赤い線で囲みます。そして、別紙参照と朱書きし、日誌の後に指導案を綴じます。

以上の説明のもとに実習生（一部筆者修正）が書いた実習日誌が表5－1－2です。

表5－1－2　実習日誌⑴

実習生氏名　（　　　　　　　　　　　）

10月26日（月）曜日　天気（晴）出席者数（ 男児16名 女児16名 計32）名 （たけ）組（3）年保育（5）歳児	指導者印	

保育のねらい・内容	○ さつまいもを収穫する楽しさを味わう。 ○ 友だちと一緒に目的をもって遊ぶことを楽しむ。 ・さつまいもの大きさ、色、つるの長さなど自分で触って違いを知る。 ・跳び箱やマット運動などに、繰り返しとりくむ。
実習のねらい	積極的に幼児と接し、幼児の特徴や学級の約束事を知る。

時間	環境構成	幼児の活動	実習の内容　○は実習生がしたこと ◎は担任の先生の配慮
7：40 8：30	・幼児が気持ちよく活動を行うことができるように環境を整える。 <保育室 たけ組> ピアノ／ロッカー／水道／ロッカー／机／入り口	 ○ 登園する。あいさつをして、出席ノートにシールをはり、荷物を片付ける。	○ 出勤する。 ○ 換気、清掃、用具の出し入れをする。担任の先生と遊びの場の用意をする。 ○ 幼児一人一人に笑顔であいさつを交わしながら、少しでも名前を早く覚えて仲良くなることができるようにする。 ◎ 帽子を着用したままの幼児には、帽子はどうすればよいのか友だちの様子を見せることによって気付くようにする。
9：10	<園庭>　芋掘り場所 ○幼児 ●教師 ・スコップ	○ 芋掘りをする。 ・帽子をかぶる。 ・イモを掘る。	◎ 大きさ、色などにも関心が向くように、さつまいもを見比べたり、触って気付いたことを言い合ったりする機会をもつ。
		○ 自分で選んだ遊びをする。 ・鬼遊びをする。 ・かくれんぼをする。 ・泥団子を作る。 ・固定遊具を使って遊ぶ。 　など	◎ 参加者の間でルールが違うことによるトラブルについては、お互いのルールを伝え、周りの幼児にもルールが共通でなければ遊びが面白くないことに気付かせ、ルールを共通にしていく。 ◎ 幼児と思い切り逃げたり追いかけたりすることで体を動かす心地よさを味わえるようにする。

時間	環境構成	幼児の活動	実習の内容
10：30		○　片付ける。	◎　片付けをしようとしない幼児には、片付けようとする気持ちがもてるように周りの幼児の片付けている様子を見るように声をかける。
11：00	〈保育室　たけ組〉 入り口 ○幼児　●教師 ・イス31脚を幼児自ら準備する。 ・牛乳○本 ・くずかご 〈遊戯室〉 マット運動／ジャンプ／跳び箱／リズム体操 マット　○枚 跳び箱　○段 カセットデッキ, テープ	○　牛乳を飲む。 ○　跳び箱やマットで遊ぶ。 ・遊戯室に行く。 ・リズム体操をする。 ・マットで転がり、跳び箱にとび上がりジャンプをして遊ぶ。	◎　牛乳を飲んだ後、遊戯室へ行って楽しい遊びをすることを伝えることによって、何をするのか楽しみな気持ちを持つことができ、次の活動に見通しを持って行動できるようにする。 ◎　笑顔で楽しそうにリズミカルに大きな動作で体操することにより、楽しい雰囲気をつくる。 ◎　一人一人の動きを見て、それぞれのよいところを具体的に認めることによって自信と次への意欲につながるようにする。 ◎　マットが離れたり、反対側に転がったりするなどの危険が生じないように全体を見る。
12：00	〈保育室　たけ組〉 ござ 入り口 ござ4枚	○　弁当を食べる。	◎　食べる前のあいさつを大きな声でみんなで一緒にすることができるように、よい姿勢になったら、あいさつを言うきっかけの言葉を言うようにする。
14：00	〈保育室　たけ組〉 入り口 ○幼児　●教師 ・椅子33脚 ・幼児は絵本が見えやすい位置へ移動	○　降園の準備をして降園する。	◎　本日の生活の中で楽しかったことやがんばったことを問いかけ、幼児の発言をとりあげて、全員に知らせることで、明日もまた、楽しく遊ぼうという期待を持って降園できるようにする。
15：30 17：00			○　担任の先生と本日の様子を話しながら、片付けと掃除をする。 ○　反省会に参加する。 ○　明日の保育の準備をする。 ○　退勤する。

表5-1-2　実習日誌(3)

1日の反省・感想
(実習のねらいについて反省・評価したことを記入する。できごと、取り組んだこと、分かったこと、考えたこと、疑問に感じたこと、受けた助言などを具体的に記入する。)

　今日は、実習初日で緊張していたが、たけ組の部屋に入り挨拶をすると、幼児たちが笑顔でたくさんお話をしてくれたので、大変うれしかった。

　自己紹介用に作った絵本も、興味をもって見てくれ、「もう一回見せて」と何回も言われた。

　しかし、いろいろな幼児に一度に声をかけられて「ちょっと待ってね」といってしまうことが多くあり、待たせすぎて違うところへ行ってしまったり「もういいよ」と言われたりすることもあった。「ちょっと待ってね」の言葉の意味に責任をもち、あまり待たせない、または、待ってもらったら必ずその幼児のところへ行くようにしたい。

　また、まだ一人一人の性格もよく分かっておらず、名前も全員覚えきれていないので、明日も積極的にたくさんの幼児と接し、少しでも幼児の気持ちがわかるようになりたい。

　保育所実習の時、指導を行う際に信頼関係を深めておかないと、子どもたちも話を聞こうとしてくれないことを学んだので、この観察・参加実習の期間に幼児と話をたくさんして、よいところを見つけ、信頼関係を早く深めていきたい。

指導・助言

2）「１日の反省・感想」の書き方について

　ここでは、１日の反省・感想の部分の書き方について、表５−１−２実習日誌(3)と表５−１−３①、②の１日の反省・感想の部分を例に、もう少し具体的に説明しましょう。

　表５−１−２実習日誌(3)は、実習１日目の反省・感想の記録です。

　内容をみると①実習初日に対する不安な気持②困ったこと③明日への課題④観察実習期間の課題と、これだけのスペースに対して内容の種類が多すぎます。そのために伝えたいことが漠然としています。

○　明日の生活に生かすことができるようにできるだけ視点をしぼって、
　具体的に書きましょう。

　例えば表５−１−２の場合、この日の実習のねらいは「積極的に幼児と接し、幼児の特徴や学級の約束事を知る。」から１日を振り返ってみましょう。今日自分のしたことや言ったことを振り返ってみて、よかった・分かったことがあります。反対に困ったこと・反省点があります。具体的には、初めて出会う幼児たちに自分からあいさつをしたことは、幼児と親しくなる上で効果的であると実感できています。困ったことは、一度にいろいろな幼児に声をかけられたときの対応の仕方です。今考えると幼児たちに「先生は１人だけれど、どうすればみんなのことを聞いてあげられるか教えて」と問いかけると幼児の方で解決策を考えてくれたかもしれません。また、担任の先生に対応の仕方をお聞きすると今までのこの学級の実態や約束事を知る機会となったかもしれません。

　実習日誌を記入する際、自分自身の実習のねらいに沿った考察をする、このねらいをもって実習に取り組むことによって、保育を見る視点や自分の言動の振り返りの視点になります。実習終了後、実習のねらいに基づき、日誌を振り返りながら具体的な事例を通して学びを整理することができます。

表５－１－３①

> 　今日は、明日のお店屋さんごっこのためにグループに分かれることになった。その様子をみていると、先生の話が終わるとすぐに仲のよい友だちを誘って、すぐにグループになる幼児や、自分からは友だちに声をかけることができずグループの中に入ることができない幼児など様々であった。
>
> 　その中で、友だちとかかわることが苦手な幼児を特によく観察をして次のように思った。幼児自身に「もっと友だちと遊びたい」などと思う気持ちを育てていきたいと思う。また、自分の思いを我慢することができず、自分の思いを主張し続けなかなかグループを作ることができない幼児達もいた。今回はしっかりしている幼児が多いため、先生があまり前に出ないで、幼児同士で、とことん話し合いをさせていた。私はまだそこまでの幼児理解ができず、今日も幼児に助けを求められたときに、中途半端に介入してしまった。今後は幼児が自分達で話し合いを行い、解決していくことを大切にしながら、幼児と日々かかわっていきたいと思った。

　表５－１－３①は、「５歳児のグループの作り方について学ぶ」という実習のねらいをもっている日誌です。視点を５歳児のグループの作り方にあてて記述しています。この時期、幼児によってグループの作り方が異なっていて、どこへ教師が援助するか、課題は何か、自分が体験した「事実」から「課題」まで書かれています。事実とそこから自分の考えたことがよく分かります。伝えたいことも明確です。

　実習のねらいをもっていると保育を見たり、日誌を書いたりする視点がきちんとし具体的に記述できます。

○　**要点をとらえて記述しましょう**

　担任の先生の言動、幼児の動きなど、１日に起きた事柄の全てを記入することは不可能です。担任の先生の言動で昨日と異なること・気になったこと、幼児の言動で気になったことなど、特に印象に残ったことについて要点を捉えて記入していきます。

　実習のねらいにそって記入すると要点が定まり簡潔な記述となります。表５－１－３①の感想・反省を読みやすく書き直すと表５－１－３②のようになります。

表 5 - 1 - 3②

①	今日は、明日お店屋さんごっこを行うためのグループをつくる場面を観察した。 　先生の話が終わるとすぐに、お互いに名前を呼び合い仲の良い友達同士ですぐにグループをつくる幼児から、友達に自分からは声を掛けることができずグループになかなかなれない幼児、自分の思いを我慢することができず最後までグループになれない幼児まで様々であった。
②	その中で自分から友達にかかわることが苦手な幼児に、友達と遊ぶことは楽しいと思う気持ちを育んでいきたいと考えた。 　また、今回幼児同士にとことん自分の気持ちを言い合わせていた。きっと担任の先生は今までの生活から、幼児たちにはそれができるという思いがあったのだと思う。
③	私にはその見極めができず、幼児の言葉に流され、中途半端に介入してしまったので、今後は幼児たちの自分達でものごとを解決しようとする力を大切にしながら日々のかかわり方を考えていきたい。

　書くスペースは限られています。次のように組み立てて書くと良いでしょう。

　①実習のねらいを意識して観察した場面

　②その場面からの気づき、考えたこと

　③今後、考えること

4．実習日誌の活用

　実習生にとっては、担任の先生の日誌に記入されたコメントや助言は明日の保育実践に向けて、保育の見方、幼児理解、幼児へのかかわり方、教師としての言動のあり方を実践していく上で大変役に立つものです。また、担任の先生にとっても実習日誌に記述されていることは、保育をするうえでの重要な資料となります。普段気付かなかった幼児の姿を知ることができたり、自分の目の届きにくいところでの幼児の姿を知ることができたり、自分の言動を幼児がどのように理解しているのかを知る機会となったりする重要な記録です。

　実習日誌を媒介として、担任の先生と実習生との間で幼児理解や保育の方法について意見のやりとりができます。

◎　注意！

　記述の仕方、言葉づかい、誤字などは一度直されたら、次回には同じ間違いをしないよう、返却された実習日誌は必ず目を通しましょう。

　同じ間違いを２度、３度繰り返すと担任の先生との信頼感を損なうこともあるので気を付けましょう。

第6章　指導計画（案）の作成

　ここでの指導計画は、実習生のみなさんが直接かかわることになる短期の指導計画、その中でも保育指導に直接かかわる「指導案」について述べていきます。

　（教育課程、長期の指導計画、短期の指導計画、週案などについては、実習中は実習園ですでに作成されているものを見せていただいてください。みなさんが作成する指導案の位置づけをみておきましょう。）

○　実習生にとって指導案を作成する意味は・・・保育の見通しをもつことができるためです。

　指導実習の前には、指導案を立てなければなりません。実習生にとって指導案を作成することの意味を考えてみましょう。

　教育実習生は担任の先生の指導の許可があってはじめて、実際の幼児への指導が認められています。担任の先生にあらかじめ指導の考え方や指導方法についての指導を受けた後、（具体的には、担任の先生といつ、何を、どこで指導するのかを相談する。指導案を見てもらって、遊びの選び方、時間、環境構成、準備物、活動の流れ、指導の方法等について指導を受けた後）実際の指導ができるのです。

　実習生にとっては、指導案を立てることによって、指導にあたって見通しをもって対応できます。前もって予想できることの十分な準備をしておくことによって、指導案を立てる段階では考えていなかった出来事にも落ち着いて対応できます。

○　指導案の目的は・・・他の人に自分の幼児のとらえ方、ねらい、具体的に何をするのかを伝えることです。

　指導案の目的は、教師が幼児をどのようにとらえ、何をねらって、具体的には何をするのかが伝わることです。教師のする段取りや手順が書いてあるだけでなく、教師のかかわりの理由が書いてあることが重要になります（理由のない援助や環境構成は、意味がないのです）。

１．指導案作成の手順と内容

　部分実習に入るまでに、学級の幼児の生活や遊びの様子をよく観察したり、幼児と一緒に遊んだりすることを通して、幼児の実態（性格、特徴、得意なこと、苦手なこと、つまずいていることなど）や担任の先生の幼児にかかわる場面やかかわり方をよく見てメモをとりましょう。

　例えば、食事の活動の場面では、食事を食べ終わるのに要する時間、好き嫌いについて、箸の使い方、問題点、食事の活動の中での幼児の姿、それに対して担任の先生がどのように対応しているのかなどについてとらえます。そのメモをもとに指導案を作成していきます。

○　表６－１－１の指導案形式の例をもとに、指導案作成の手順と内容について説明しましょう。

ａ．月日、曜日、天気、学籍番号、実習生名、指導者名、検印

　いつ、誰の指導のもとに、誰が指導するのかを記入します。最後に実地指導してもよいという担任の先生の検印をもらいます。

ｂ．組、○年保育○歳児、人数

　何組、何歳児で、何人の幼児を対象に保育するのかを記入します。

ｃ．幼児の姿

　実習日誌や自分のメモなどの記録から、指導案の「ねらい」につながる部分を取り上げて書きます。

　本日指導を行う活動について、今、幼児がどのような状態であるかを次の観点でとらえて記入します。

　具体的には、興味・関心、生活の仕方、遊びの状態、友達との関係、経験していること、育っていること、つまずいていること等に視点をあてて書きます。

○ 「幼児の姿」表現の基本の形：

事実 と 教師のとらえ 、そこから 教師の願い へと考える。

＜例＞

　　最近、男児を中心に基地ごっこが流行している。A児が遊びのきっか
けをつくったようである。(事実)

　　男児が何人か集まって共通のめあてをもって遊びを展開し始めようと
する意識の芽生えととらえることができる。(教師のとらえ) そこで遊
びのストーリをつくりながら役割を分担し参加者全員で1つの遊びを展
開していく楽しさを味わって欲しい。(願い)

メモをとる視点の例

・　幼児がどのようなことに興味や関心をもっているか
・　幼児の発達の状況（できるようになってきたこと、自分なりの乗り
　　越えようとしている課題）
・　幼児の人間関係　など

d. ねらい及び内容

　（部分実習の期間は、「ねらい」及び「内容」は担任の先生から教えても
らい表現方法を学びましょう。）

　一般的には、幼児の生活する姿から、幼児は何を楽しみにその活動に取
り組んでいるのか、どんな目あてをもっているのか、今何に困っているの
かといったことを探り、教師の願い、年間の指導計画、教育課程などから
幼児の発達の方向や指導の方向などを見通し、そこからねらいや内容を導
き出します。

　そのときそのときの幼児の生活に沿った具体的な「ねらい」をもち、そ
の方向に幼児が育っていくためには、幼児がどのような経験を積み重ね、
何を身に付けることが必要かを考えて具体的な「内容」を明らかにしてい
きます。

表6－1－1　指導案の形式と書き方

時間	e　環境構成	f　予想される幼児の活動	g　保育者の援助

a
月　日（　）曜　天気　　学籍番号　　　　　　　指導者名（　　　　　　　）　実習生名（　　　　　　　）　検印

b	組		年保育　歳児	人数		名（男児　名　女児　名）
c 幼児の姿	本日指導を行う活動について、今、幼児がどのような状態であるかを次の観点でとらえて記入する。 ・興味・関心、生活の仕方、遊びの状態、友達との関係、経験していること、育っていること、つまずいていること。 　　　　　　　　　　　　　　etc			d ねらい及び内容		ねらい○ 幼児の中に育てたいこと、具体的なねらいを記入する。 内容● ねらいを身に付けるために、幼児の経験すること。 （教師側からは指導すること）

時間	e　環境構成	f　予想される幼児の活動	g　　　　保育者の援助
活動の始まりから終わりまでを書く （例） 9：00 9：40	・ねらい・内容が達成される人的、物的環境を記入する。 ・安全・健康で充実して活動できる環境 ・幼児が主体的にかかわり、興味・関心をもち、発想豊かに展開できるような環境 ・遊具や用具の数や配置の仕方 ・教師と幼児の位置 ☆図や絵で示してもよい。	・幼児の立場で書く。 ・環境にかかわって展開するであろう幼児の活動を予想して書く。 ・活動のまとまりとそれに含まれる具体的な活動を区別して書く。 〈例〉 ○　おやつを食べる。 ・用便・手洗いをする。 ・あいさつをして食べる。 ・片付ける。 ☆活動がどのように流れ、つながりをもって展開するかを時間の流れにそって細かく書く。	・教師の立場で書く。 ・幼児の活動をより意欲的に充実感をもったものにしていくための援助や配慮すべきことを具体的に書く。 ・活動の展開に応じて幼児がねらいや内容を身に付けていくために必要な援助を具体的に書く。 　（手助けをする、見守る、共感する、問いかける、幼児と共に考え工夫することなど。） ・予想される問題点や、それに対する具体的な手だてを書く。 ・健康、安全に対する配慮を書く。 ・何のために、どうしようとしているのか指導の目的と方法が分かるように書き表す。 （例） ○　共通のイメージをもって遊ぶことができるように、遊びを展開する上で有効な発言「〜しよう」「今は〜よ」などを取り上げたり、場面を想定する言葉を掛けたりする。 ○　さらに挑戦しようとする気持ちがもてるように、完成した時には、ともに喜び、がんばったことを認める。 ○　いろいろと試して遊んでいる様子を認めたり、新しい発見に共感したりしながら、より遊びが楽しく発展していくようにする。
h　反省・評価	〈観点〉具体的なねらいや内容は、適切であったか ・環境は、ねらいや内容にふさわしいものであったか ・援助は、適切であったか等	i　指導	

○ 「ねらい」の表現の基本の形：

幼児が（主語）

↓

①だれと　・・・・・┐
　　　　　　　　　　　｜　発達段階をとらえて
②どのようにして　・┘

③なにを　・・・・・┐
　　　　　　　　　　　｜　教師の願い
④どうする。　・・・┘

<参照>：ねらいを書くとき語尾としてよく使われる語句

心情：味わう。楽しむ。もつ。
意欲：十分に〜する。進んで〜しようとする。自分から〜かかわる。
深める。取り入れようとする。
態度：身に付ける。豊かにする。わかるようになる。

○ 「内容」は、ねらいを達成するために教師が指導する事項です。

　幼児が環境にかかわって展開する具体的な活動を通して総合的に指導されるもので、幼児が経験する事項です。ねらいが実現できた時の幼児の姿を具体的に書くことが大切です。

○ 「内容」の表現の基本の形：

幼児が（主語）

↓

①（具体的な活動）

○○で、○○を通して、○○の中で、○○において、○○によって

↓

②（活動のポイントとなる行動）

○○をして、○○しながら、○○することを、○○することに

↓

③（幼児の内面、ねらいにつながる経験）

☆「ねらい」及び「内容」の関係を示すと次のようになります。

○ ねらい：

<u>学級の友だちと</u>　<u>言葉を交わしながら、</u>　<u>遊ぶ楽しさを</u>　<u>味わう</u>
①だれと　　　　　②どのようにして　　　③なにを　　　④どうする

○　**内容：**

<u>砂遊びを通して　１つの大きな山を作るには、自分の思いを伝えたり</u>
①具体的な活動　②活動のポイント

<u>友だちの思いを聞いたりして行動することの必要性に　気づく。</u>
③内面、心の動き

ねらい：どのような子どもに育ってほしいかという方向性を心情・意欲・
　　　　態度の面から考えます。ねらいが達成されるには、様々な活動が
　　　　考えられるように、柔軟性をもたせます。

内容：具体的な活動とその活動から得た経験である内面、心の動きがは
　　　いります。

ｅ．環境構成…教師が主語

　ねらい及び内容が達成されるように、教師が環境に対して行う働きかけ
です（教師が行う間接的な援助）。なぜそのような環境構成をするのか、
具体的にどのような環境構成をするのかが伝わるように書きます。

　事前にしておくこと、保育中に行うこと（環境の再構成）とがあります。

　指導案に書く時は、物的環境、空間的環境、時間的環境について書きます。

○　**「環境構成」の表現の基本の形：**

教師が（主語）

↓

前日に、○○遊びでは、○○のときには：　①時期・対象

○○できるように、○○のために　　　　　②理由

何を、どこに　　　　　　　　　　　　　　③具体的な環境の構成

どのように、数量を

○○しておく。○○する。

用意・準備する。

場を広くする。

時間を長めにとる。

☆環境構成で留意すること

・幼児自らがかかわりたくなる環境構成をする　・具体的に幼児の遊ぶ姿
をイメージしながら幼児の動線を考える　・幼児の活動に合わせて再構成
する　・幼児の活動に合わせて環境が変わるときは、それがわかるように

別の環境図をかく　　・教師の位置も書くと自分の動きがわかる。

f．予想される幼児の活動…幼児が主語

　幼児が環境にかかわることによって起きると予想される幼児の行動です。個人差がありますが、ほとんどの幼児が行動すると予想されるものを書きます。

○　**予想される幼児の活動の表現の基本の形：**

> 幼児が（主語）
>
> ○○する。（一般的には用言止めにする。）

☆**予想される幼児の活動の記入で留意すること**

・　ひとつの大きな活動は、文頭に○をつけます。その活動を行う時の実際の幼児の動きは・を文頭につけて書きます。

例：○紙芝居「○○」を見る。

- ・　先生の周りに集まる。
- ・　先生の話を聞く。
- ・　紙芝居「○○」を見る。
- ・　感じたことを話す。

g．教師の援助・・・教師が主語

①　言葉かけに関する援助（教師の援助の欄の表現の例）

援助の種類	ポイント
励ます	幼児がしようとしていることを支える。
ほめる。認める	幼児が認めてほしいところを見極め、具体的に事実をいれる。
禁止する	安全面、他の人の迷惑になることは止めるように助言する。
仲介する	それぞれの幼児の思いを代弁することで、お互いの気持ちが通じる。
ゆさぶりをかける	今までと異なる見方や方法などを提示することで、次への展開を促す働きかけをする。
イメージの明確化を図る	遊びのイメージはもっているが、したい遊びが見つからない幼児に、遊びの見通しをもてるようにする。現状の遊びをベースにしつつ、さらなる発展を促す。例「こんなこともできるよ」

②　行動に関する援助（教師の援助の欄の表現の例）

援助の種類	ポイント
例示する	遊び方の例を示すモデルになる。
手助けをする	幼児だけではできない活動や技術面に関して手伝う。
仲立ちをする	幼児だけでは、解決できないようなトラブルのときには、言葉かけだけではなく、実際に中に入りお互いの思いを伝え分かり合えるようにする。
必要な役割で参加する	ごっこ遊びで、お客さんなどの役割がいないときに、客役になるなどして、遊びの展開を助ける。
見守る	教師がそばで様子をみることによって安心感をいだく。また、遊びの状況を把握し、今後の指導の方向性を探る。
共感する	幼児の気持ち、言葉や行動を「そうだね」と受け止めたり、いっしょに遊び、一体感を感じたりすることによって、信頼感が生まれる。
偶然をいかす	偶然のできごとを遊びにいかすことによって、新たな展開をうながす。
止める	安全面からとめる。

＜関仁志編著『これで安心！保育指導案の書き方』北大路書房、p 29 一部引用して作成　竹井史、1997 の分類を参照＞

　　予想した活動を通して、ねらい及び内容を身に付けることができるようにするために、どのように援助していくかを具体的に考えていきます。
　　保育中に、教師が直接幼児にかかわって行うすべての働きかけです。そのためには、予想した活動に取り組む幼児の姿をイメージしながら、教師として幼児にかかわっていく行為や言葉を考えていくことが必要となります。
　　教師がなぜそのようなかかわりをするのか、具体的にどのようなかかわりをするのかがわかるように書きます（目的と方法または、理由と方法）。

○ 「教師の援助」の表現の基本の形：

教師が（主語）

（状況・対象）

○○のときには、○○の遊びでは、

↓

（理由）

○○できるように、○○のために、

↓

（具体的な方法）

どのように○○する。

☆教師の援助の表現で留意すること

　援助の文章に、理由（目的）とそれを解決するための方法が書かれているかどうかをチェックしましょう。

　幼児一人一人の欲求をとらえ、個人差に応じた援助を考えましょう。

h．反省及び評価・・・実際に保育実践をしたあと振り返りをして書く

　自分が行った保育指導を振り返り、具体的に反省・評価をして、次の指導に生かすために行う大切なことです。

　保育指導を振り返り、反省・評価をする際には幼児の育ちを見る視点と自分の指導を振り返る視点の２つの視点が必要です。

○　自分の保育指導を振り返る視点

①　具体的なねらいや内容は、適切であったか。

②　環境構成は、ねらいや内容にふさわしいものであったか。

③　教師の援助は適切であったか。

④　偶発的、突発的事項を活動にうまく生かしたか。

○　幼児の育ちを見る視点

①　幼児が活動を生み出し、それを通して必要な経験を得ているか。

②　幼児は興味を持続し、満足感をもって活動していたか。

☆感想ではなく、反省を書きます。

＜感想しか書かれていない例＞

> 帰る前の集まりのとき、なかなか集まってくれなくて困った。手遊びをしたら、楽しそうにやってくれて、嬉しかった。

↓

なぜそうなったのか、どうすれば育ちにつながるかということをいれる。
　　　　a　　　　　　　　　　　　　　b

↓

＜修正した例＞

> 帰る前の集まりのとき、遊びをやめられなくて、集まることができにくい幼児がいる。そこで、遊びから帰る前の片付けをする気持ちの切り替えに時間のかかる幼児には、早めに集まる時間を知らせたり、楽しい手遊びをして、集まることに期待感をもたせたりすることができるようにすることが必要であると考える。

ｉ．指導・助言・・・保育を見た人が書く

　保育を観察した人（担任の先生・主任・園長先生）が書きます。

２．指導案の具体例

　今まで説明したことを、具体的な指導案の例を見ながら確認しましょう。

　実習中に書く指導案の種類は、①部分指導案②連続の活動の指導案③１日全部の指導案（本日案、日案）の３種類に分けることができます。

　実習の初期の段階では、一般的には、１日の指導のうちのある部分だけを担当する「部分指導（部分実習）」から始まります。

　最初は、毎日繰り返される活動（ア―登園、降園、おやつ、食事、イ―絵本、紙芝居など）の指導から始めます。

　アの活動は、毎日繰り返されるので幼児の活動や担任の先生の指導の様子がとらえやすい、イは、短時間の活動で、幼児が一箇所に集合した静的な活動であり、学級全体の幼児の興味が把握しやすいので、幼児の行動の予測が容易であるうえに、題材が決定すると読み方についての教材研究が何処ででも可能で実習生にとって取り組みやすいからです。

　実習を重ねるうちに、様々な活動場面の指導を増やすとともに指導する時間も長くなっていきます。

これらの指導を行うにあたっては、クラスやそれぞれの幼児の発達段階や興味・関心、教師の願いについて担任の先生と実習生の間で共通のものにした上で、何を指導するかを決めていくようにします。

1）部分実習の指導案の立て方

　「部分実習（部分指導）」とは、ある場面あるいはある時間内の活動の指導を行う実習の仕方をいい、その指導案を「部分指導案」といいます。

　具体的には、次のような活動を指導するときの指導案です。

　○　毎日繰り返される活動や短時間の活動—登園、降園、食事、おやつ、絵本や紙芝居を見る。

　○　幼児自ら選んでする活動—同一時間にいろいろな遊びが並行して展開される。

　○　学級全体の活動（設定保育と称する園もある）—絵画製作的な活動、集団遊び・ゲーム、運動的な活動、劇遊び、音楽的な活動など。

　・大勢で活動した方が楽しく効果がある・集団での経験が必要・グループでの遊びを学級全体の遊びにまで広げみんなが共通理解しておいた方がよいなどの観点から取り入れる。

（1）　毎日繰り返される活動の指導案について

　登園・降園、食事、紙芝居・絵本を見るなどの活動は、入園してから毎日繰り返し経験してきている活動です。そのため幼児たちは手順がよくわかっています。実習生にとって観察しやすく幼児の活動を予想しやすいので比較的指導しやすい活動です。しかし、幼児が自主的に行動することが多いので、活動のねらいや内容、教師の援助をきちんと把握しておく必要があります。

①　3年保育　3歳児○月の「絵本『おおきなかぶ』を見る」活動

　3年保育3歳児の指導案の例が表6－1－2です。

　紙芝居、絵本、お話などの活動は静的な活動で、比較的短時間で指導することができるので、部分実習の初期の段階の指導としてしやすいものだと考えます。

　指導案を書くにあたって、題材（絵本、紙芝居、お話の題）を担任の先生から提示されない場合は、学級の幼児の発達段階や興味・関心、季節的なことを考慮し、実習生自身が興味があり、幼児に読み聞かせたい、語りたいと考える題材を選びましょう。

選んだら担任の先生に題材として適当か否かを相談することを忘れないようにしましょう。

＜指導案作成にあたっての留意事項＞

○　絵本を読む教師の位置は、全ての幼児が見えやすい位置。そのために幼児が座る隊形を考える。

○　絵本への興味・関心のもたせ方を工夫する（内容に関した話をする。表紙を見せ予想する。最初の出だしの部分を話し、期待をもたせるなど）。

○　ねらいを達成するための読み方の工夫をし、なぜそのような読み方をするのか理由を考え、援助の欄に記入する（例えば、嬉しい・楽しい雰囲気を感じ取れるように明るく読む。何かがおきるかもしれないという期待・予測ができるように少しゆっくりと声を落として読むなど）。

○　終わり方は、その絵本を見るねらいによって考える（例えば、学級の生活に活かす、各自が感じたものを大切にするために静かに終わる。感想を聞く。あらすじを思い出すなど）。

絵本「おおきなかぶ」を見る

月　　日	11月25日 （　　曜） 天気（　　）	学籍番号 氏　　名		指導者		検 印	
園　　名			組名	3年保育3歳児 （　　　　）組		男児（　）名 女児（　）名	（　）名

前日まで の幼児の姿	・学級の友だちと同じ場所で一冊の絵本を見ることを楽しむことができだした。 ・身近な動物や乗り物が登場する絵本であったり、起承転結が明確であったりするものに興味をもっている。 ・気に入った場面では、隣の友だちに話しかける姿がみられる。 ・次の登場人物を予想し、次はどうなるかを期待しながら繰り返しの表現を楽しんでほしい。	ね ら い 及 び 内 容	○　話の繰り返しの表現のおもしろさを感じたり、いろいろな人物や動物が登場して大きなかぶを抜く場面の表現や挿絵の楽しさを味わったりする。 ・「おおきなかぶ」の絵本を次にどんな登場人物が出てくるか期待しながら見る。 ・静かに絵本を見る。

時　　間	環境構成	予想される幼児の活動	保育者の援助
11：00	（保育室） Ⓒ 幼児 Ⓣ 教師 ［ピアノ］ 出入口 ・幼児が各自いすを弧の字型に並べる ・教師が座る椅子1脚 ・絵本「おおきなかぶ」	○　絵本「おおきなかぶ」を見る。 ・椅子に座る。 ・絵本「おおきなかぶ」を見る。	○　おやつを食べ終わった幼児から、これから楽しいことが始まることを伝え、教師の前に椅子をもって集まるように全体に声をかける。 ○　全員が集まるのに時間差があるので、教師の方に注意を向けて待てるように集まった幼児から手遊びをして待つ。 ○　どんな大きなかぶができたのか興味がもてるように、表紙の登場人物全員が大きなかぶを運んでいる様子を見せる。 ○　絵本が見えにくい位置に座っている幼児には、よく見える位置に移動するよう誘導する。 ○　途中で立ち上がったり、騒いだりする幼児がいる場合は他の幼児の迷惑になることを伝えきちんと座っている幼児の姿に気づかせ、座って静かに絵本を見ることができるようにする。

表6－1－2⑵

時　間	環境構成	予想される幼児の活動	保育者の援助
11：15		・先生の話を聞く。	○　絵本を読むときは、幼児が聞き取りやすく、理解しやすいようにゆっくりとはっきりと読む。 ○　「うんとこしょ。どっこいしょ。」のかけ声の部分は、こん身の力を込めてかぶを抜く様子を感じとらせるためにゆっくりと力を入れて読む。 ○　「かぶはぬけません」の部分は、残念な気持ちを幼児に伝えるために、静かにゆっくりと残念な気持ちを込めて読む。 ○　「～が～を引っ張って」の部分は、理解しやすいように挿絵を指しながら読む。 ○　最後のかぶが抜ける場面は、幼児と共に安堵感を共有するために、「やっと」の言葉を強調し、ゆったりと嬉しそうに読む。 ○　読み終えた時点で、裏表紙、表表紙を開いて見せ、裏表でつながっている絵（かぶを運んでいる絵）を見せてかぶをどうしたのか問いかける。おじいさんが無事にかぶを家に持って帰ったことを伝えることによって、よかったという気持ちを共有して終わる。

（岡山市○短期大学保育学科学生作成の指導案を筆者が加筆・修正）

②　２年保育４歳児○月の「給食を食べる」活動

　　２年保育４歳児の指導案例が表６−１−３です。

　　指導案を書くにあたっては、この時期の幼児たちの給食を食べる活動の実態をよくとらえ、この時期の幼児に何を指導すればよいかを担任の先生とよく相談して、ねらい及び内容を考えましょう。

　　生活習慣の形成は、長期にわたって繰り返し指導するものが多いので、年齢、時期によってねらい及び内容、時間、活動を変えていく必要があります。

＜指導案作成にあたっての留意事項＞

　　○　毎日繰り返される各活動について、幼児の発達段階や学級の実態から予想される問題点とその援助・手だてを考える。

　　○　個人差が表面に出やすいので、それぞれの個人差に応じた指導を考える。

表6-1-3　幼稚園指導案

給食を食べる

月　日	月　日 （　曜） 天気（　）	学籍番号 氏　名		指導者		検 印	
園　名			組名	2年保育4歳児 （　　　）組	男児（　）名 女児（　）名 ｝（　）名		

前日までの幼児の姿	・友だちとの会話に夢中になって、机から離れてしまったり、横向きで椅子に座ったりしている。それについて教師が声をかけると、気づいて正しい姿勢に直すことができる。 ・嫌いなものを最後まで残してしまい、なかなか食べ終わることができないでいる。しかし、食べようと努力する姿は見られ、全部ではないが食べることができる。 ・食事のマナーを守り、嫌いな食べ物もがんばって食べ、完食の喜びを味わってほしい。	ね ら い 及 び 内 容	○　食事のマナーを意識しながら友だちと食べることを楽しむ。 ・正しい姿勢や箸を正しく持って食べることに快よさを感じる。 ○　嫌いなものも食べようとする。 ・小さく切り、他のものと一緒に食べたり先生に励まされたりして嫌いなものを食べてみようとする。

時　間	環境構成	予想される幼児の活動	保育者の援助
11：30	（保育室） 配膳台 配膳台 （準備物） ばけつ　　2個 台ふき　　6枚 机　　　　8個 椅子　　24脚 おこぼしいれ5個 箸（各自用意）	○給食を食べる。 ・机を用意する。 ・椅子を用意する。 ・うがい、手洗いをする。 ・箸を用意する。 ・当番は給食着を着て配膳をする。	○　給食にすることを全体に伝え、幼児自らが自分がすることを考え、行動に移せるようにする。 ○　机や椅子の持ち方が危険である場合は、正しい持ち方を一緒に確認し、安全に運ぶことができるようにする。 ○　机の配置で混雑する場合は、物を移動しスペースを作ったり、危険を知らせたりする。 ○　椅子や机の用意を忘れている幼児には、声をかけたり、幼児同士で教えられるようにしたりして、自分で準備できるようにする。 ○　うがい、手洗いを丁寧にしている幼児を認めることでそれらが大切であると理解し、自分の健康に自ら気を付けようと思えるようにする。 （省略）

表 6 - 1 - 3(2)

時　　間	環境構成	予想される幼児の活動	保育者の援助
		・あいさつをして食べる。	○　あいさつを忘れている当番の幼児には、自ら気付けるよう何か忘れていないか声をかける。 ○　何を食べているのか食べ物に意識が向くように、当番に本日のメニューを伝え、当番から同じグループの幼児に伝えるようにする。 ○　友だちや教師と一緒に食べることが楽しいと思えるような雰囲気を大切にしたいので、教師も楽しそうに周りの幼児と話しながら食べる。また、食べるときの姿勢や箸の持ち方や話に夢中になり食べるのが遅くなっている、こぼした物をそのままにしている等の場面が見られたら、個々の幼児の様子をみて具体的に援助していく。 ○　嫌いな食べ物に挑戦している幼児には、少しずつでも頑張って食べることができるように励ましたり友だちも頑張っている様子を知らせたりして、食べようとする気持ちがもてるようにする。全部食べられた時には十分に誉め自信につながるようにする。 ○　食べ始めてからある程度時間が経ってもなかなか量が減らず箸が止まっている幼児には、励ましの声をかける。それでも無理であれば量を減らし具体的に食べる量を示し、少しでも食べられるようにする。 ○　牛乳や食べ物をこぼした場合、自分で始末をするが、できにくい部分は手を添え最後まできちんとできた達成感を味わえるようにする。
12：20	・食器等が片付けやすいように配膳台の配置を整える・歯ブラシ・	・食器などを片付ける。 ・食後の挨拶をする。	○　食べ終わったにもかかわらず、食器の片付けを忘れている幼児には声をかけたり、幼児同士で教えられるよう周りの幼児に声をかけたりして、片付けることに気がつくようにする。

表6－1－3(3)

時　間	環境構成	予想される幼児の活動	保育者の援助
	コップ（各自用意） ・歯磨きが終わった幼児は、室内で遊ぶことになっているので、教師は食事をする前にブロック、絵をかく、絵本をみるなどの遊びの場を用意しておく。	・歯磨きをする。	○　食べかすが残らないようにていねいに歯磨きができるようにするために、ていねいに磨いている幼児を認める。
12：40	・机と椅子を片付けが始まったとき必ずそれらを収納する場所に教師がつく。 （・片付けが終了した幼児と共に、絵本を見る用意ができるようにござを敷く。）	・机や椅子を片付ける。	○　みんなで片付けができるように、積極的に片付けている幼児を認めたり、お互いに声をかけたりするように促す。

（岡山市○短期大学保育学科生作成のものに筆者が加筆・修正）

(2)　2年保育4歳児1月の「幼児自ら選んでする活動」

2年保育4歳児1月の指導案の例が表6－1－4です。

この活動の指導案は、次の手順で作成したものです。

○　最初にその時期の幼児の実態をとらえます。

指導計画、教育課程からその時期の幼児を指導していく方向を考え、ねらい及び内容を導き出します。

○　導き出したねらい及び内容と前日まで幼児が興味・関心をもって取り組んできている活動とを考え合わせながら、環境構成を考えます。

○　その環境構成のなかで、それぞれの幼児が各自の興味・関心のもとに環境にかかわりどのような活動が生み出されるかを予想します。

○　それぞれの環境にかかわって生み出されると予想した全ての活動に対しての指導（援助）を考えます。

以上の手順で立案した1つの例が、表6－1－4の指導案です。

この活動の指導案を実習の初期に実習生が作成することは、なかなか大変です。指導案からも理解できるように、同じ時間に保育室、園庭など場所も広く、学級の幼児がいろいろな場所で遊んでいるこの形の活動の指導は、指導案を立てることができても、実習生が初めから1人で学級全員の幼児のこの活動の指導にあたることはできにくいです。

そこで、複数の実習生がいる場合は、場所によって分担する形（指導案を分担して書く。共同立案形式）、1人の場合は、保育室内と園庭と場を分けて指導する形から経験することもよいでしょう。

表6－1－4の指導案作成にあたっての手順をさらに具体的に示します。

○　毎日の記録をもとに担任の先生との話し合いの機会をもち、具体的な問題点を把握することから始めます。

・　この時期の幼児たちが今何に興味・関心をもっているか、何を楽しいと感じているか、

・　今何に困っているか、活動が停滞していればその原因は、何であるかを究明する。

・　トラブルはどういうときに生じ、幼児たちだけでどこまで解決できるのか、教師の援助が必要な場面や活動はどこか、というような具体的な問題点を把握します。

○　それらに対する援助の方法を具体的に考えます。

○　最初に導き出したねらい及び内容の方向に指導ができるように指導案を立案していきます。

指導案の書き方を説明します。

・　環境構成は、前日の遊びから考えてどこで、誰が、どのような活動を展開するかを予想して、場所、用具・材料を考えて、文章あるいは図で示します。

・　予想される幼児の活動は、環境とかかわることによって展開されると予想される活動を具体的に書きます。

・　教師の援助は、最初にねらい及び内容を達成するために予想される活動全てに共通して援助することを書きます。

（例えば、遊びに自ら取りかかれない幼児への援助、トラブルへの対応、人間関係に関することへの援助など）

次に、遊びごとに順に、その遊び特有の援助を書きます。

＜指導案を立てるにあたっての留意事項＞

○　日頃から幼児の遊びに加わり、遊びの持続時間、遊びの興味・関心、遊びの展開・内容、人間関係、使用されている遊具・用具、活動の中心の幼児、問題点などを把握しておく。

○　幼児がしようとする遊びが始められるように環境構成を考える。

○　幼児が主体的に環境に働きかけて活動が展開されるように、また友だちとかかわり合って自分なりのめあてをもって活動できるように援助の方法を考えておく。

○　遊びがマンネリ化しないような援助を考える。

表6－1－4　幼稚園指導案
「幼児自ら選んでする活動」

月　　日	1月14日 （火曜） 天気（晴れ）	学籍番号 氏　　名		指導者		検 印	
園　　名			組名	2年保育4歳児 （　　　　）組	男児（　）名 女児（　）名 }（　）名		

前日まで の幼児の 姿	・3学期が始まって1週間が経ち、室内での遊びでは、今までと異なる遊びの環境のなかで気の合う友だちと遊んでいる。遊びの様子を見ると、遊びのルールが違うとトラブルが生じる。家でのルールを主張し合い、遊びから抜ける。 ・教師との1対1のかかわりを求める幼児や自分から遊びに入るきっかけのつかめない幼児、技術的にむずかしそうなことには、試みようとしない幼児の姿が見られる。 ・気の合う友だちとの遊びを楽しむ中で、自分の思いや考えを言うとともに、友だちの考えを聞こうとする気持ちの必要なことに気づいてほしい。また、むずかしいことやいやなことにも挑戦しようとする気持ちをもってほしい。	ねらい及び内容	○　気の合う友だちと一緒に遊んだり、自分のしたい遊びを見つけて遊んだりする中で、自分の思っていることを言ったり、友だちの考えを聞こうとして遊びを楽しむ。 ・自分から遊びたい友だちや遊びの場を見つけることに喜びをもつ。 ・遊びのルールや遊び方を守って遊ぶと楽しいことに気づく。 ・遊びへの参加、遊びを進めていくとき、自分の考えを言葉で伝えるとともに友だちの考えにも耳を傾けることが必要であることに気づく。

時　　間	環境構成	予想される幼児の活動	保育者の援助
9：00	・前日までに行われた遊びが続けられるように、以下のように環境構成をする。 （園庭・保育室の配置図） クーピー・色紙・ロケッタン・セロテープ・ホッチキス・紙・はさみ・穴開けパンチ・ゴム　など	○　カルタ、すごろく、トランプをする。 ○　こまを回して遊ぶ。 ○　積み木で遊ぶ。 ○　ボールで遊ぶ。 ○　縄で遊ぶ。 ○　面を作って遊ぶ。 ○　劇遊びをする。 ○　固定遊具で遊ぶ。 　などの遊びの中から自分で選んだ遊びをする。	○　活動に参加するきっかけがつかめなかったり、教師との1対1のかかわりを求めたがる幼児に対して教師が幼児の気持ちを聞いたり、興味をもっていると思われる遊びに誘ったりして、友だちと一緒に遊ぶきっかけをつくるようにする。 ○　それぞれの場で自分の思っていることを言ったり、友だちの言っていることを聞いたりして、その場にいる友だちと楽しく遊びを進められるよう、教師は遊びの中に入り、各々の幼児の気持ちを聞いたり、友だちへの気持ちの伝え方を知らせたりする。

表6－1－4(2)

時　間	環境構成	予想される幼児の活動	保育者の援助
			○　1人で好きなことをしている幼児には、自分の興味・関心のあることを楽しむようにしながらも、同じ遊びをしている幼児の様子を知らせ友だちとかかわるきっかけを促してみるようにする。
			○　物の取り合い、遊び方についてのトラブルが生じた場合、自分の思ったことを言葉に表しにくい幼児には、教師が気持ちを尋ねたり、代弁したりすることで自分の思いを表現することができるようにする。また、友だちの意見を聞く気持ちがもてるように、教師が助言をし、お互いの主張を認めながらどうしたらよいか幼児自身に考えようとする気持ちがもてるように仲立ちの援助をする。
			＜カルタ、すごろく、トランプで遊ぶ＞
			○　参加している幼児が、共通に遊び方を理解することで友だちと一緒にゲームをする楽しさを味うことができるようにするために、ルールをよく知っている幼児に、知らない幼児に対してルールを教えてあげるよう助言したり、教師からルールを知らせたりする。
			○　言葉を交わしながら、楽しく遊べるような雰囲気をつくるため、教師も遊びに参加し、カルタを取ること、カードを読むこと、コマを進めることなどその幼児が興味を持ち面白いと感じていると思われることに対して教師もその面白さを共有し、幼児の言葉を十分に受け止めるようにする。

時　　間	環境構成	予想される幼児の活動	保育者の援助
			＜こまを回して遊ぶ＞ ○　コマをまわすときのこまの持ち方やひもの引き方がわからないために、こまを回せない幼児には、教師が回して見せたり、具体的に持つ位置や引く強さを示すなどの援助をする。 ○　少しでも回すことができた幼児には、そのことを十分認め、目あてをもって遊ぶことができるように、もっと回してみようという気持ちがもてるような言葉をかける。 ○　回すことができず投げ出してしまう幼児には、ひもを巻いてやったり友だちの様子を見るよう声をかけたりすることでコマへの関心、回したいという気持ちが続くようにする。 ＜積み木で遊ぶ＞ ○　危険を伴うほど高く積み上げたり、積み木の上で跳んだり跳ねたりしている幼児には、危険であることを知らせ、安全に遊ぶことができるように声をかける。 ○　積み木を独り占めする幼児には、その理由を尋ね、他の幼児と遊び方が異なるときは、他の幼児にも分けてあげたり、同じ時には一緒に遊んだりすることができるように声をかける。 ＜ボールで遊ぶ＞ ○　周りで友達が遊んでおり、危険である場合は、広い場所へ移動するように促し、ボールを投げたり蹴ったりする時には回りの友達に当たらないよう、また、保育室に向かって投げたり蹴ったりしないよう、周囲の様子に気をつけて遊べるよう助言する。

表6－1－4⑷

時　　間	環境構成	予想される幼児の活動	保育者の援助
			○　ボールで遊びたい気持ちはあるのにボールがなくて遊べない幼児には、他の友達に貸してもらうよう促すと同時に、ボールで遊んでいる幼児にもボールを持っていない幼児の遊びたい気持ちを伝え、したい遊びが同じであれば一緒に遊んだり、違うのであれば順番に使うよう声をかける。 ○　ボールを投げたり受けたりするだけでなく、宝探しやドッジボールなどの色々な遊びをしている幼児には、おもしろい発想を認めたり、教師も仲間に入ったりしてその遊びをより楽しくしていく。 ○　ボールを持っていても友達がいなかったり遊びが思いつかなかったりして遊びがとまっている幼児には、一緒にキャッチボールをしたりボールつきなど1人でも楽しめる遊びを示したりして、遊びを展開する手がかりにする。 ＜縄で遊ぶ＞ ○　縄遊びを一生懸命している幼児には、その様子を認めることによって満足感がもてるようにし、さらに興味をもって遊べるようにするために、跳んでいる数を数えるなど、いろいろな跳び方を提案する。 ○　うまく跳べない幼児にはもっと跳べるようになりたい意欲をもてるようにするために、「1、2、3」の掛け声をかけたり、一緒に跳んだりして少しでも跳びやすいように援助すると同時に、少しでも跳べるようになったときには、そのことを認める。

表 6 - 1 - 4(5)

時　　間	環境構成	予想される幼児の活動	保育者の援助
	・画用紙：白、黄色、ピンク、19×31　20枚 ・面ベルト　20枚 ・ホッチキス ・クレヨン（幼児が各自用意） 以上のものを製作ワゴンに用意		○　長縄を蛇行させたものを跳んでいたり、縄を高くして跳んだりしている幼児には、自分達で考えた遊びを十分楽しめるようにするために、遊びを工夫していることを認める声をかける。 ＜面を作って遊ぶ＞ ○　何を描くか迷っている幼児には、自分がしたい役を決めてかけるようにするために、「友達ほしいな狼くん」の登場人物について話をする。 ○　描き方が分からず、教師にやってと言う幼児には、なるべく自分でかいてみようとする気持ちをもてるように、顔の枠の部分を書いてみせたり、描こうとするものの具体的なイメージが描ける話をしたりする。 ○　切り取るのが難しいと感じ、切って欲しいと要求する幼児に対しては、自分で切ってみようという意欲をもつことができるように、細かい部分は助けることを知らせたり、最初の部分だけ切ってやったりする。 ○　面が完成した幼児は、自分で創り上げたと言う満足感をもてるように、その面のよいところを具体的に認める。 ○　面と面ベルトの止め方が分からない幼児には、上手にできている友達の面をみせたり、ホッチキスの扱い方を示したりして、自分でとめることができるようにする。 ○　面を完成させた幼児が増えてきたら、劇遊びへ興味を向けるために、みんなで作った面をかぶって遊ぶ声掛けをする。

(3)　学級全体の活動の指導案

　幼稚園で経験する活動のなかには、１人や数人の友だちと一緒にして楽しいものと大勢の友だちとするから楽しいものとがあります。例えば、歌をうたう、リズム遊びをする、製作活動、行事、集団遊び、劇遊びなどが考えられます。

　これらの活動は、教師が幼児の実態を見極め、いつから、どのような環境で、どのように興味・関心を向けて、どのくらいの時間で、活動するかなどの条件や展開を考えておくことが必要となる部分が大きい活動です。

　この形の活動の形態の特徴としては、次のことが考えられます。

　　○　一人一人（個別）に指導を行うより、学級でまとまった形で指導した方が効率的で、幼児同士がお互いに刺激を受けることができる。

　　○　保育内容の中で集団での経験の必要なものが体験できる。

　　○　自由に選んでする活動への刺激となり、幼児の発達を促すことができる。

　製作活動「ビー玉と画用紙を使ってビー玉コロコロを作って遊ぶ」の学級全体の活動（設定保育と称するところもある）の３年保育４歳児の指導案の例が表６－１－５です。

　学級全体の活動の場合、まず、幼児が用意された環境にかかわろうとする意欲をもち、自分なりのめあてをもって活動に取り組み、活動終結までを、幼児の立場に立って組み立てていきます。

　実際の展開の順に説明しましょう。

①　活動の組み立て

　導入、展開、まとめの順に活動を組み立てます。

○　導入部分

　幼児たちの興味を深め、遊びに取り組む意欲を盛り上げ、幼児一人一人が遊びのめあて・課題を明確にとらえることができるようにする。

例えば

　　・　幼児の生活の中に遊びの直接のきっかけがあれば、それを意識できるようにする。

　　・　発展の方向付けをする。

　　・　遊びを組織していくための意欲をもつことができるようにする。

　　・　環境構成をしておく。

　　・　作品、材料・用具などを見せたり、歌う、表現を見せたりする。

　　・　教師の話しかけによる。

○　**展開部分**

　幼児たちは活動することによって遊び（課題）の内容をつかんでいきます。

- 遊び（課題）のねらいがどのような活動によって達成できるのか、ねらいにそった活動の順序を整理しておく。
- 思考力を培うためには、問題解決型の遊びの展開が有効です。
- 活動を進めていくための、用具材料の提示の仕方を検討する。
- 個及び全体に対しての有効な援助をする。

○　**まとめの部分**

　ア　目的の達成・展開

- 自分たちがやりとげたことを意識したり、評価したりできるようにする。
- 遊び（課題）が次に行われる遊びの土台となるようにする。

　イ　日常化

- この経験が幼児の日常生活の中に根を下ろして、日々の遊びの中で見られるようにする。

② **教師の援助**

- 遊びの種類、内容、その仕組みを正しくとらえ、指導内容として再構成を考える。
- 遊びがどのような筋道で進んでいくかを考える。

　（発端→意識化の段階→遊びの深化と拡大）

- 組み立てられた活動は、どのような場を用意し、どのような教材用具が必要かを検討する。
- 実際の指導においては、どの幼児も活動のねらいが成就したことが満足できるように配慮し、個人差を十分考慮して指導する。

③ **指導案を作成するにあたっての留意事項**

○　活動への導入、動機付けの方法、興味・関心をどのようにしてもたせればよいのかについて考える。

○　ねらい及び内容を幼児たちにどのように達成していくか、その具体的な方法を考えておく。

表6－1－5　幼稚園指導案

＜絵画製作「ビー玉と画用紙を使ってビー玉コロコロを作って遊ぶ」＞

月　　日	月　　日 （　曜） 天気（　　）	学籍番号 氏　　名		指導者		検 印	
園　　名			組名	3年保育4歳児 （　　　　）組		男児（　）名 女児（　）名	（　）名

前日までの幼児の姿	・ビー玉をころがしたり、集めたり、コリントゲームで使ったりして遊ぶ幼児が多い。既成のおもちゃのビー玉を活用して、新しいおもちゃを作り出すことに興味をもたせ、自分で作ったもので遊ぶ楽しさを味あわせたい。 ・作る活動への興味の度合い及び技術には、個人差がある。	ねらい及び内容	○　身近にある画用紙や今まで遊んだことのあるビー玉を使って動くおもちゃを作り、自分で作ったもので遊ぶ楽しさを味わう。 ・起き上がりこぼしの原理を知って、動くおもちゃを作ることを楽しむ。 ・自分の好きな色や形の材料を選んで動くおもちゃを作ることを楽しむ。

時　　間	環境構成	予想される幼児の活動	保育者の援助
9：15	<環境構成>　<保育室> 流し　すべり台　ピアノ　テーブル ワゴン ○すべり台 ダンボール　・ダンボールのつなぎ目はガムテープで貼っておく。 積木 <テラス> ○幼児のテーブルの上 ハサミ　セロテープ セロテープ　かご　・かごの中幼児がビー玉コロコロを作るのに必要な、厚画用紙を入れておく。 ペン <準備物> ・厚画用紙 　・4×27cm…45枚 　・8つ切りの1/4の大きさ（白）…60枚 　・5cm四方に下記の型を書きこんでいく。 　　丸……50枚 　　三角…50枚 　　四角…50枚 ・ビー玉 　中くらいのものと大きいものを合わせて60個 ・ダンボール　100×130…5枚 ・はさみ…30本 ・セロテープ…8台　各テーブル2箱 ・水性ペン…8箱 ・ワゴン一式 ・ホッチキス ・のり ・色鉛筆	○　「ビー玉コロコロ」を作って遊ぶ。 ・集まって話を聞く。 ・本日の活動のめあてを知る。	○　これからの活動についての話をすることを伝え、ピアノの前に集まって座るように声をかける。 ○　本日の活動に興味をもてるように、ビー玉と枠を見せる。実際に作りながら説明し、枠の作り方を理解しやすいようにする。 ○　話が聞こえなかったり、保育者の動きが見えない幼児がいれば、前の方へ座ったり、立って見るように声をかける。 ○　ビー玉と枠との関係について気付くように、傾斜に枠をおいて、ビー玉を入れると枠がどうなるか考えるように話す。教師が実際にビー玉を入れて見せる。枠がビー玉の重みで動くのを見ながら、動くおもちゃを作ってみようとする気持ちをもつことができるような言葉をかけ、今日はビー玉と画用紙を使って動くものを作ることに興味がもてるようにする。

表6-1-5(2)

時　　間	環境構成	予想される幼児の活動	保育者の援助
			○　幼児がこれからすることに具体的なイメージをもちやすいように動くものには何があるか尋ねたり、教師が例を示したりする。丸い枠以外の形を提案する場合は、その形を尋ね作り方を考えることができるようにするが、分からない場合はともに方法を考える。
		・材料を選ぶ。	○　活動に取りかかりやすいように用意した3種類（細長い、形を書いたもの、何も書いていないもの）の用紙を見せ、それらの使い方を示す。
			○　ビー玉は製作の妨げにならないように、枠ができた時点で取りに来ることを伝えておく。
		・ビー玉コロコロを作る。	○　枠の形、飾り、模様を工夫している幼児には、その点を具体的に認めることによって活動への意欲を高める。
			○　何を作りたいのか思い浮かばなかったり、方法が分からなかったりして活動が進んでいない幼児には友だちのしている様子を見ることを知らせたり、保育者が方法を示したりして活動へのきっかけとする。
	○　ビー玉		○　作品ができビー玉を取りにきた幼児には、遊びたい気持ちを高めるために出来上がったものを認め、自分の好きなビー玉を選ぶように伝える。
		・作った物で遊ぶ。	○　製作に集中している幼児には、自分の考えを最後まで実現できるように励ます。
			○　作った物で工夫して遊んでいる幼児には満足感を味わうように、認めるとともに他の幼児にも知らせる。

表6－1－5(3)

時　　間	環境構成	予想される幼児の活動	保育者の援助
9：40		・片付ける。	○　遊びに満足した幼児には使ったもの元の場所にしまい、作品をロッカーの上に置いてから次の遊びに移るように伝える。 ○　作品が出来上がっていない幼児や遊び足りない幼児には活動を続けてよいことを知らせ、活動意欲をそこなわないようにする。

（岡山市〇大学附属幼稚園作成の指導案を筆者加筆・修正）

2）時間的に連続した活動を指導実習する場合の指導案の立て方

　幼稚園には小学校以降のような時間割はありません。1日の生活の流れをスムーズにするため保育には流れがあります。

　この実習では、1つの活動の指導が終わったとき、その指導が終わるのではなく、次の活動へとスムーズに移行できるための配慮事項を考え、実践する経験をします。

　次の生活を見通した上での指示（学級全体あるいは個々の幼児、当番の幼児への）のタイミング、環境構成を変えていくための手だて、幼児の生活がスムーズに流れていくようにするための配慮を考えておくことが大切です。

　連続の指導の形としては、次のようなパターンが考えられます。

○　登園する。→自分で選んだ遊びをする。

○　自分で選んだ遊びをする。→おやつを食べる。

○　おやつを食べる。→学級全体で活動をする。

○　学級全体で活動をする。→お弁当（給食）を食べる。→紙芝居を見る。

　表6－1－6は、3年保育3歳児の「遊びの片付けをする」→「おやつを食べる」→「降園の準備をして降園する」までの連続した活動の指導案です。

　活動から活動へのつなぎの部分に注目して指導案を見てみましょう。

表6－1－6　幼稚園指導案

「連続の活動の指導案（遊びの片付けをする→おやつを食べる→降園の準備をして降園する）」

月　日	11月10日 （　曜） 天気（　　）	学籍番号 氏　　名		指導者		検 印	
園　名			組名	3年保育3歳児 （　　　　）組		男児（　）名| 女児（　）名|（　）名	

時　間	環境構成	予想される幼児の活動	保育者の援助
10：20	<うめ組保育室> 遊具棚　たたみ　カセットテープ　絵本棚　ピアノ　ロッカー 水道　ワゴン　机 入口　テラス ○　幼児と一緒に片付けをしながら降園のときに全員が集まる場所であるうめ組の保育室は次のように配置する。 ・ワゴンを2つ移動する。 ・角机を棚につける。 ・扇型テーブルも出入口の側に移動する。 ○　ほとんど片付いた頃、A教師を中心におやつを食べるためのテーブルや椅子を下記のように用意する。	○　片付ける。	○　おやつを食べることを幼児に知らせ、片付けに移るが、片付けやすいように最初に保育室内の迷路遊びに使ったものから片付けようと声をかける。また、片付ける物の順番や片付け方を伝えるとともに教師が率先して片付ける。A教師は保育室にいて運び出すようにし、もう1人の教師は遊戯室で、幼児が運んできた物をきれいに並べるようにする。 ○　すぐには片付けようとしないa児b児k児s児などには、片付けに移ることができるように、片付けをしている他の幼児の様子を見せたり、片付ける物を示したりする。

時　間	環境構成	予想される幼児の活動	保育者の援助
10：40	〈たんぽぽの保育室〉 いす　ピアノ 流し ①②③ ワゴン　テーブル ＜おやつを食べる時は次のように準備する＞ ○　準備するもの ・テーブル8（角4、丸4） ・いす32 ・ワゴン一式（牛乳、皿、菓子、菓子ばさみ、ゴミ入れ、皿入れ、台ふき8、バケツ） ・コップ（うがい用）32 ・片付け用テーブル ○　片付けが終わった頃、教師はたんぽぽの保育室北側のテラスからテーブルを持って来て、上図のように配置する。 ○　いすは幼児が自分のテーブルへ持って行く。 ○　ワゴンはテーブルとイスの準備ができた頃、教師が給食室へ取りに行き、おやつを食べ終わった後返す。 ○　テーブルとイスの配置と同時に教師は台拭きでテーブルを拭き、中央に置く。（幼児が手伝おうとする場合は一緒にする） ○　片付けの時は、ワゴンの上に①牛乳びん入れ、テーブルの上に②ゴミ入れ③皿入れを置く。	○　おやつを食べる。 ・用便手洗いをする。 ・おやつの用意をする。 ・「いただきます」を言う。 ・食べる。	○　おやつを食べる前にすることは何かと問いかけることによって、用便手洗いが必要なことに気づき、自分から、用便・手洗いに行くことができるようにする。 ○　自主的に牛乳や皿を配ろうと手伝いの希望者が多い場合は、並んで順にすることを助言し、どの幼児にも配ろうとする気持ちが満足できるようにする。 ○　食べる前のあいさつをするときは、姿勢を正しくしてみんなで一緒にあいさつできるようにしたいので、よい姿勢になってからあいさつを言うきっかけの言葉を言う。 ○　おやつを食べ終わるまでの時間に個人差があるので、食べるのが早いK児、H児などに対しては、よくかんでゆっくり食べるように促し、また食べるのが遅いh児、i児s児などに対しては、待っている友だちがいることや次にすることを伝え、頑張って食べるよう励ます。

表6-1-6(3)

時　間	環境構成	予想される幼児の活動	保育者の援助
	・コップ（各幼児） ・牛乳ビン等おやつを食べる活動に使用したものを片付ける。 ・降園前に全員が集まることができるようにスペースを用意する。 ・本日持ち帰る物を絵で表したカード	・「ごちそうさま」を言って片付ける。 ・うがいをする。 ○　降園の準備をする。	○　食後のあいさつをしないで片付けをする幼児には、他児の様子を伝えることで、食後のあいさつをすることに気付くようにする。 ○　うがいをすることが習慣になっていない幼児が数名いるので、食べ終わった頃をみはからって食後にすることを問いかけることによって、自分で気付いてうがいをできるようにする。 ○　うがいが終わった幼児から、降園の準備をするが、準備がスムーズに行えるようにおやつが終わる頃、本日持って帰るものの絵カードを示すとともに、言葉で具体的に伝える。用意ができたら保育室に貼っているビニールテープの上に座るように伝える。
11：00	〈うめの保育室〉 		
	＜オペレッタを見る時は次のようにする。＞ ○　準備するもの ・「アヒルの散歩」のテープ ・草を貼った積み木5個 ・池にするため青色のじゅうたん2枚 ・紙で作ったアヒル3個（Aの位置に置く） ・面アヒル2、イヌ1、ネコ1個（それぞれの場所に置く）	○　教師の演ずるオペレッタ「アヒルの散歩」を見る。	○　幼児が揃うまでに時間がかかる場合は、注意を教師にむけるために、幼児がよく知っている手遊び「猫の子」などをして待つ。 ○　降園の用意をし、静かになったのを見計らって、本日は教師がオペレッタ「アヒルの散歩」を行うことを伝える。幼児が最後まで興味をもって見ることができるように何が出てくるか後から問うことを話しておく。 ○　それぞれの動物が登場する前に、幼児にお話のあらすじをとらえやすいように状況説明のナレーションをいれる。また、それぞれの動物の動きの特徴をとらえさせたいので、教師は動作を大きくわかりやすく行う。 ○　終わったら全体に、登場した動物を尋ね、自分のなりたい役を言い合わせた後、明日の活動に期待をもつことができるように、明日はみんなでアヒルや猫、犬の役になって遊ぶことを伝える。

表6−1−6(4)

時　間	環境構成	予想される幼児の活動	保育者の援助
11：20	○　教師はＴ１の位置に座り、幼児を座らせる。その間にもう1人の教師は下図のように設営しＴ２へ座る。 <降園の時は次のように準備する。>	○　降園する。	○　靴箱のところで混雑するのを避けるため、男児と女児は別々に保育室から出るようにする。 ○　降園するときは、明日も頑張って登園しようとする気持ちをもたせるために、一人一人に元気よくあいさつをするとともに明日の遊びの予告をする。

玄関　うめ組靴箱
保護者
幼児を来た順番に一列に並ばせる。
Ｔ
Ｔ　○門

○　幼児が降園した後、翌日の生活を考えて次のように整理する。
・白靴をそろえる
・イスを所定の位置へ戻す。
・扇形テーブルを2脚うめ組の保育室の入り口付近へ置き、日付表、シール入れ、ゴミ入れをその上に置く。
・本日と同じように保育室を整え、うめ組の保育室に面作りに必要な材料を用意しておく。
・コップが所定の位置にかかっているか確認し、流しを洗う。

（岡山市○大学附属幼稚園作成の指導案を筆者が加筆、修正）

3）日案（1日を通して指導する指導案、全日実習の指導案）の立て方

実習も進んで最終段階になるといよいよ1日全部（登園から降園までの間）の指導をすることになります。

この指導では、ねらい、内容、環境構成等についてすべて実習生にまかされます。実習生にとっては、実習の最後の段階に位置するものです。これまでの担任の先生の保育を観察したこと、部分や連続実習で実際に経験したことをもとに、担任の先生の単なる模倣に終わらず、許される範囲内で創意工夫して行う実習です。

1日全部の指導をすることになるので、1つひとつの活動よりは、1日の流れがスムーズになるように、活動と活動との調和・変化を考慮にいれて指導します。

そのためには、これまでの観察実習、参加実習、部分実習、時間的に連続した活動の指導実習での計画の立て方（指導案の立て方）や経験（反省・評価を含む）を踏まえて、1日全部の計画を考えます。1日全部の指導の内容は、登降園、片付け、遊び、食事、当番・係り活動、保育室の環境構成を含みます。

この1日全部の指導を行うための計画を一般的には、「日案」（本日案）と言っています。

ア　日案とは・・・

遊びや毎日繰り返される日常生活習慣的な活動（登園、降園、食事、用便・手洗いなど）を時間や内容を考えて配列構成したもので、1日の保育を考えるにあたってなくてはならない指導計画です。

○　1日が幼児の生活そのものを主体として組まれたものであること
○　幼児の意識の流れや生活リズムを十分考慮した1日であること
○　幼児にとって楽しく何か力一杯やったという充実感のある1日のプランであること

そのためには、幼児の生活を細切れにしないで、自然な形で、活動と休息、緊張と解放、動と静、室内と戸外、個と集団等のバランスやリズムを保ちながら調和と変化のある計画とするようにします。

イ　日案を作成するにあたって

今日1日の指導は、幼児一人一人にとってどのような意味があり、何を身に付けさせようとしているのかを明確にしておきます。

自分の学級の幼児一人一人の顔を思い浮かべながら、一人一人が充実（個の充実）し、学級全体としても高まっていく（集団の質の高まり）日案を考えるよう努めましょう。

　日案を立案する上での留意点として、次のことを心に留めておきましょう。

- ・　余裕をもった時間配分をする
- ・　計画に弾力性をもたせる
- ・　幼児の興味・関心の変化に応じる対策を考えておく
- ・　個人またはグループの保育の観点を明らかにしておく
- ・　ねらい及び内容の達成のためにふさわしい環境構成や保育形態を考える
- ・　毎日繰り返される登降園、片付け、食事などの基本的生活習慣の指導を考える
- ・　安全に対する配慮をする
- ・　活動の性格や教育的な意義を見極めた上で展開の姿をよく考え、指導のあり方を検討する

ウ　日案の書き方

　日案の形式、書く内容について、表6－1－7を参照しながら、説明しましょう。

　各項目の内容の基本的な考え方は、部分指導案と同じです。

a．月日、曜日、天気、学籍番号、実習生名、指導者名、園名、組名、○年保育○歳児、人数

　これらの欄は、部分実習の指導案と同じです。

b．幼児の姿

　一人一人の幼児の興味や欲求、経験していること、育ちやつまずいていること、教師や友だちとのかかわり方、遊びの広がりや深まり、集団としてのつながり、課題に対しての取り組み方、生活習慣についてなどの観点でとらえます。

　幼児の姿は、長期の指導計画を視野にいれつつも、教師の愛情ある見方で幼児と向き合うことを基本にしましょう。

c．1日のねらい及び内容

　「ねらい」は、幼児の姿や教師の願いなどから幼児の中に育てたいこと

を表現します。

　1日の中、どの場ででも指導できる主として心情・意欲・態度的なねらいが多いです。

　しかし、1日の中で「この活動を中心として生活する・・」と考えたときは、その活動のねらいが1日のねらいになる場合もあります。

　また、数日間から1ヶ月間続くものもあるし、1日で達成できるものもあります。

　「内容」は、「ねらい」を達成する要素と考え、幼児に経験してほしいことを表現します。

d．環境構成

　その日のねらいを幼児が身に付けていくための環境構成を、前日の幼児の活動にそって具体的に考えます。

（時間は、幼稚園生活の流れの大きな目安となるものなので、別の欄に取り出します。今までの生活からそれぞれの活動に要する時間を予測して記入します。食事やお迎えの時間がほぼ決まっているので保育を展開していくときの1つの目安になります。）

　「だれが」「どこで」「どのように活動しているか」「なぜそうするのか」を探りながら、教師の願い、長期の指導計画との接点から具体的な環境構成を考えます。

　何をどのように環境として準備するか、幼児が主体的にかかわろうとする環境になっているか、それぞれの幼児の動線はどうか、場の広さは、具体的に幼児の活動する姿が目に浮かんでくる環境になっているかどうか確かめることが大事です。

e．幼児の活動

　幼児が環境にかかわって、具体的にどのような活動を展開するかを予想します。

　次に1日の活動の時間配分をします。

　まず、毎日繰り返し行う活動、片付け・登降園時の活動・食事などの予想される時間を考えます。次に、それ以外に予想される活動の持続時間を考えます。

　最後に全体を見て、1日の生活リズムをもたせるように、静的な活動の次は動的な活動など、1日の経験や活動について変化と調和をもたせることを忘れないようにします。

ｆ．教師の援助

　幼児の活動の展開にそって、幼児がより意欲的に充実感をもち、ねらい及び内容を身に付けていくために、必要な教師の援助を考えます。

　予想した活動に取り組む幼児の姿を具体的に思い浮かべながら、実際に教師が幼児にかかわっていく行為や言葉を具体的に考えていきます。

　例えば、以下のようなことが考えられます。

○　幼児が環境に能動的にかかわっていくことができるように誘導したり、友だち同士刺激し合って自分なりのめあてをもって活動できるように援助する

○　活動が混乱したり停滞したりしたときに援助できるように、問題点を予想し、解決の方法をいくつか考えておく

○　幼児一人一人の考えや活動の仕方を認めるとともに、それを共通のものへ発展できるような援助をし、友だち同士に広げていくような援助を考えておく

○　活動がねらいに向かって方向づけされ、活動の特性が十分に活かせるような援助を考える

○　幼児一人一人の欲求をとらえ、個人差に応じた援助を考える

○　健康や安全面への配慮や情緒の安定にかかわる援助を考える

注！日案の援助の欄は、部分案のように全ての援助を書くの？・・ねらい及び内容に照らし合わせて、選択して書きましょう。

　部分案の連続のように活動ごとに全ての援助を書くと、巻物のように長い日案になってしまいます。また、朝登園してから降園まで全ての活動に対して、同じウエイトで保育される生活は、幼児にとって緊張の連続の生活になります。

　そこで、日案の場合の援助の欄は、１つの考えとして、○の活動につき、指導のねらい及び内容に直結した援助、活動の展開の上で必要な援助を３～５を目安に考えてみましょう。

　全体を見て、個人差に応じる援助は、盛り込まれているか。安全に関する援助は、入っているか。などの観点から援助の欄を見直すことが必要です。

　（実際の指導の際には、日案とは別に具体的な細案を作成し、担任の先生に見ていただくと安心して指導に臨むことができます。）

表6－1－7　幼稚園指導案

日案（本日案）

a				実習生（　　　　　　　　）		検	
月　日（　）曜　天気　　学籍番号＿＿＿＿				指導者（　　　　　　　　）		印	

園名		組名	3年保育5歳児 （　　　）組	男児　名 女児　名 }（　）名

b 幼児の姿	・友達と一緒に忍者のからくり屋敷を作ったり公園で拾ってきたドングリやマツボックリを使ってアクセサリーやコマ、ごちそうなどを工夫して作ったりしている。 ・4・5人の友達と共通のめあてをもって遊びに必要なものや遊び方を考えながら遊びを進める姿が見られる。 ・当番活動では、活動の順序や気付いたことを友達と伝え合いながら進めている。片付けでは、周りの様子に気付かずマイペースの幼児もいる。 ・数人の友だちと共通の目あてをもって遊ぶ姿がみられだしたので、遊びの進め方や作り方などについて、相談しながら遊びを進めていくことの必要性に気づくことを期待している。	c ねらい及び内容	○　共通の目的に向けて、作りたいものやしたいこと、遊び方などについて、友達と相談しながら遊ぶことを楽しむ。 ・自分の考えを相手に伝えたり友達の考えを受け止めたりしながら遊ぶ。 ・作りたいものをイメージしながら材料や素材を選び、友達と一種につくることを楽しむ。 ○　鬼遊び「忍者の宝取り」を通して、チームの友達と力を合わせて宝を奪ったり友達を助けたりする楽しさを味わう。 ・忍者になって追いかけたり追いかけられたりするスリルを味わう。 ・宝を奪ったり仲間を助けたりするためにどうすればよいのかに気付く。

時間	d　　環境構成	e　予想される幼児 の活動	f　　　　保育者の援助
8：30	○　出席シールをはる用意 ○　保育室の出入り口の付近で出迎える。 〈保育室〉 ピアノ リズム遊び　　忍者屋敷 自然物（ドングリなど）　ストロー・粘土・キビガラ ○リズム遊び－カセットデッキ、テープ ○自然物を使った遊び－マツボックリ、ドングリ 　幼児たちと形や大きさ別に分類 　イメージしやすいように補助材料としてストロー、粘土、キビガラを用意する。	○　登園する。 ・あいさつをする。 ・出席シールをはる。 ・持ち物の始末をする。 ○　自分で選んだ遊びをする。 ・忍者ごっこをする。 ・リレーやタイヤ引きをする。 ・リズム遊びをする。 ・秋の自然物で遊ぶ。 ・砂場で遊ぶ。 ・固定遊具で遊ぶ。 　など	○　挨拶を自分からしたり幼児同士で交わしたりしている場合には、自信をもたせるとともに仲間意識が高まるようにするためにしっかり認める。 ○　1日の生活に期待がもてるようにするために、挨拶を交わしながら興味をもっている遊びについて声かけをする。 ○　生活の流れが分からないと不安な幼児に対しては、安心して生活ができるようにするために、本日の生活の流れを知らせる。 ○　忍者屋敷ごっこの様子を見守りながら必要に応じて材料や素材を幼児とともに準備したり、からくりの工夫やアイディアを一緒に考え、遊びに必要な物や遊び方に気付くことができるよう助言したりしていく。 ○　リレーやリズム遊びの場では、年少児を気持ちよく仲間に入れたり遊び方を教えたりできるように、仲介したり声かけをしたりする。

時間	d　環境構成	e　予想される幼児の活動	f　保育者の援助
	○忍者屋敷－昨日残しておいた遊びの場を整え危険なものはないか調べておく。〈園庭〉		○　どんぐりやまつぼっくりなどの自然物は、関心がもちやすいように幼児とともに大きさや形で分類し、材料を整える。また、様々なものをイメージしながら繰り返しつくることができるように、ストローや粘土、キビガラなどの補助材料を用意する。
10：30	園庭 ○リレー　バトン・はち巻・ライン引き ○全体に危険なものはないか調べておく。〈牛乳を飲む〉		○　砂場や固定遊具の場では、友だち同士で共通のめあてをもって作る物や方法を考えたり、より遊びが楽しく展開できるように、力を合わせたり励まし合ったりする姿を認める。
	・布巾　・バケツ ・牛乳　・キャップ等を入れるもの	○　片付ける。 ○　用便をする。 ○　牛乳を飲用する。 ・手洗いをする。 ・当番は机をふく。 ・あいさつをして牛乳を飲む。 ・食後のあいさつをしてうがいをする。	○　自分達で遊びの場を整えていくようにするために、同じ場で遊んでいる友だちと明日も遊びの続きができるような片付け方を考えるように助言する。 ○　布巾の絞り方が緩い幼児には、拭いた後を見せ十分絞ってから拭くように具体的に絞り方を知らせる。 ○　食物アレルギーのある幼児に、他の幼児の牛乳がかからないよう十分留意する。また、周りの幼児も牛乳がかからないよう気をつけるよう促す。
11：00	・園庭に月チームと星チームの陣地をかいておく。		
	・宝物　・はちまき ・巻物	○　鬼遊び「忍者の宝取り」をする。 ・ルールについて聞く。	○　忍者の雰囲気がでるようにはちまきを付けた忍者グループに宝物を渡し、どちらが助け合って早く相手の宝物を奪うことができるかの戦いであること、相手に捕まったら基地に入り助けられるまで出られないこと、宝物を取りに行くには巻物を読みその中の修業を終了したあとでなければならないことなどの遊び方の説明を実際に行動しながら説明する。 ○　幼児が忍者になりきって興味や意欲をもって修業に取り組むことができるように、幼児に気付いてもらいたいことや頑張ることをかいた巻物を見せ、修業ができた忍者から宝物を取りに出かけることを伝える。

表6－1－7⑶

時間	d　　　環境構成	e　予想される幼児の活動	f　　　　保育者の援助
			○　ルールを理解しにくい幼児には、様子を見守りながら、動き方を側で知らせたり、同じ仲間の幼児に声をかけてもらったりする。 ○　捕まったのに基地に入ろうとしない、修業を終えないで宝物を取りに行く、ずっと基地に入れられているのは面白くないなどの声が聞かれたら、その都度全体に投げかけ新しくルールを作っていく。 ○　休息を兼ねて、遊びを振り返り、宝物を取られない工夫や宝物を奪うための助け合い、捕まった仲間を助けるための方法について、さらに工夫して行動することができるように、巻物を見ながら、修業はできたか、ルールが守れていたか振り返りのポイントの言葉をかける。 ○　チームの宝を守るために活躍したり、味方同士で動き方を相談したりしていた忍者を紹介し、宝を取ったり守ったりするにはどうすればよいか、どんなことに気を付ければよいかをみんなで考えるきっかけとする。
11：30	〈弁当を食べる〉 ピアノ　　　　　　水道 ・椅子は、幼児が用意する ・机は当番と教師で用意する ・布巾　・バケツ　・やかん ・コップ、弁当は幼児が用意する	○　弁当を食べる。 ・手洗いをする。 ・当番はお茶を運んでくる。 ・弁当の用意する。 ・あいさつをして食べる。 ・食後のあいさつをして片付ける。 ・歯みがきをする。 ○　遊ぶ。	○　食事をするときの姿勢や話し声の大きさなど、約束が守れていない幼児には、約束を思い出させる声をかけ、楽しく食事ができるように援助していく。 ○　食べこぼしの始末や歯磨きを丁寧にしている幼児を認め、周りの幼児も丁寧にできるようにする。 ○　弁当を食べる時間に個人差があるので、早く食べ終わった幼児には他の幼児が食べ終わるまで遊んで待つように伝える。その時、食べている幼児の迷惑にならないためにはどうしたらよいか問いかけることによって、静かに遊ぶことに自ら気が付くようにする。

表 6 - 1 - 7 (4)

時間	d　環境構成	e　予想される幼児の活動	f　保育者の援助
	・ホワイトボードを準備し、幼児の意見や気づきを記入することで、振り返りができやすくする。	○　片付ける。 ○　降園準備をする。 ・1日を振り返り、明日の遊びについて話し合う。 ・当番の交替をする。	○　1日の生活の中で友だちと相談したり、考えを出し合ったりして遊んだことなどを、幼児と共に振り返り、明日の遊びに期待がもてるようにする。 ○　牛乳を運んだり机を拭いたりするなどみんなのために気持ちよく仕事をしてくれた当番にみんなでお礼を言うと共に明日の当番の名前を呼び、当番としての自覚と期待をもてるようにする。
14：00	・保護者と幼児が向かい合って座り、教師は全体が見渡せる位置に立つ。 保護者→ 子ども→ 教師→	○　降園する。 ・保護者に連絡事項を伝える。 ・一人一人握手をしてさようならをする。	○　鬼遊び「忍者の宝取り」で、カ一杯体を動かしたり、チームの友だちと相談したり助け合ったりなどの育ちに繋がっているエピソードを、具体的に保護者に伝え本日の園での生活の中の学びや育ちを理解してもらえるようにする。

（岡山市立〇幼稚園作成の日案を筆者が加筆・修正）

3．保育指導をするときの留意点

　p35 の(2)指導実習の留意点で述べたように、担任の先生から指導案に検印を押していただいたら指導です。担任の先生の指導のもとに作成した指導案に沿って指導を行いますが、指導案のみにとらわれず、幼児の状態や保育の流れなどを考慮に入れ臨機応変に対応する柔軟性も必要です。（変更する場合は必ず担任の先生の許可を得ることが必要です）担任の先生の指導を見ていると、自分にもできそうですが、実際にやってみると、担任の先生がするようにはなかなかできません。担任の先生と自分とはどこが違うのかを考えてみましょう。

　担任の先生は一人の幼児とかかわっているように見えて幼児全体の動きを掌握しています。（個の指導と全体への指導の関係）活動が途切れないように、幼児が興味・関心を失わないように、言葉かけをしたりしています。臨機応変に対応できる保育技術が備わっています。最後に幼児への愛情の強さです。叱るときは厳しく叱ってもその幼児の人格まで否定した叱り方ではありません。幼児といつも一緒に考え行動していて、指導しているという上からの目線は感じられません。

　自分にまかせられた時間を、幼児に愛情をもって、誠意をもって自分のもてる力を精いっぱい出して幼児たちと向き合っていきましょう。予想だにしなかった困った場面に遭遇したときも、自分に託された目の前の幼児にとってどうすることがよいことかを一生懸命考え努力しましょう。

4．反省・評価について

　指導実習が終わったら、その日のうちに反省会をすることが多いようです。研究保育として園長先生や主任の先生が見てくださった場合には、反省会にも参加されます。今日1日の保育に対しての感想や反省点を話せるように準備をする必要があります。そのために、以下の点について簡単にメモしておくとよいでしょう。

○　**全体を通しての感想**
　・保育の流れの中で印象に残っていること、学んだこと
　・本日の自己課題に対する反省点

○　**指導計画案の内容と展開について**
　・計画の内容と幼児の実態はどうであったか
　・自分自身の指導・援助について（良かった点・反省点）

○　**事前準備について**
　・指導計画作成は期限内にできたか、教材研究は十分であったか

○　担任の先生からの援助

・準備から実施するまでに指導・援助していただいたその内容と感謝を
　まとめておく。

　以上の点について、客観的に反省点を整理します。そして先生方と話し
合い、助言や課題のコメントを得ます。指導実習のところでも述べました
が、実習ではその時点での最善を尽くして計画、準備、指導しますが完成
されたものを求められてはいません。先生方との話し合いから、幼稚園教
諭としてどのように幼児理解や保育の技術を高めていけばよいのかを意識
し、課題をもって今後の学びに生かしていくことが重要なのです。

５．最後に

　ここまで、実習における保育指導計画（指導案）の立て方や保育指導、
反省・評価について述べてきました。

　きっと、それぞれの実習園の幼児の実態を捉えることができてはじめて
指導計画の作成ができることを理解できたと考えます。しかし、実習前に
養成校の授業の中で書いた指導案は実施時期、対象児などは異なりますが、
指導案作成上のポイントは実際の実習中の指導案作成に十分生かすことが
できます。

　実習中は、毎日の実習日誌の記入に加えて、部分実習、連続の実習、全
日実習などの指導実習が加わります（全て指導案が必要です）。園によっ
ては、絵本や紙芝居の読み聞かせ、手遊びなどを中心とした部分実習を行
う回数が多い場合もあります。事前訪問で、どのくらい指導案を作成する
のかといったことをあらかじめお聞きし、見通しをもって実習に取り組む
ようにしましょう。

第7章　実習最後の日

1．実習最後の日

　実習もいよいよ最後の日となりました。ほっとした気持ちとともに、今日で幼児ともお別れだという寂しさもあることでしょう。最後の日を幼児とともに元気に過ごしましょう。同時に、最後まで気を抜かず、実習生としてしなければならないことをしましょう。

　実習最終日には、園で幼児やお世話になった先生とのお別れ会を行うことでしょう。全クラスの幼児を集めて行う園やクラス単位で行う園、保護者への挨拶を求められる園など、お別れ会の形態や内容は園によって様々です。また、幼児に渡すプレゼントや手紙等も、幼児一人ひとりに渡す場合と、実習生の負担等を考慮しクラス全体への手紙やプレゼントを用意する場合、実習生にお任せする場合と様々です。事前に担任の先生と、お別れ会の流れや幼児へのプレゼントについて相談しておきましょう。

　幼児が降園した後で、園の先生方にお借りしていたものを所定の場所にきちんと戻し整理整頓しておきましょう。特に、クラス名簿や写真等の園からお借りしていた資料については、個人情報が含まれているものもあります。返却するものは、必ず手渡しで担任の先生にお返ししましょう。その他の資料についても、実習後も取扱いには十分注意しましょう。

2．実習最後の日の実習日誌について

　実習最後の日を終えた実習日誌の記入について述べます。実習日誌は2箇所記入します。

　まず、前日までと同じようにその日の日誌を記入します。その日の実習のねらいについてとその日1日を通して、学んだこと、考えたこと、分かったことなどです。

　次に、実習日誌の最後のページの「全体の反省・感想」を書きます。

☆日誌最終頁「全体の反省・感想」の書き方

　このページは、実習終了後、日誌を園に提出するまでに書けばよいのですが、できるだけ早く書かないと実習の感動が薄れてしまいます。また、

実習中は、日々の保育、保育にかかわる仕事、実習日誌の記録、部分実習や全日実習の準備などたくさんの課題を前にして、実習全体や日誌を振り返る余裕はなかったと思います。「全体の反省・感想」のページには、実習全体と今までの日誌を読み返して、4週間の実習全体を通しての反省や感想をまとめていきましょう。

次の文章は、年少組の実習生の「全体の反省・感想」です。
（個人情報に配慮し、本人と実習園の了承をとった上で一部内容や語句を変更しています）

①	4週間の実習で、3歳児の発達の姿と教師の援助について具体的に学ぶことができました。3歳児の発達の姿として、友だちを意識して行動したり、自分の思いを言葉で伝えようとしたりする姿が見られました。また、3歳児の基本的生活習慣の定着については、この時期、幼児は自分の力で服を着たり、排泄、手洗い、食事をしたりしており、毎日の積み重ねにより身に付いていくのだと確認できました。また、時計のマークを見て自分から片づけを始めようとする姿や、友達の使ったトイレのスリッパを揃える姿が見られ、園生活の中で、少しずつ自分からできることが増えていることもわかりました。 こうした幼児に対して、教師はいつもねらいをもって幼児と関わっておられました。その際、教師は個人差に配慮した上で、一人ひとりの姿を認めながら丁寧に援助をされていました。教師の声掛け1つ1つに、教師の意図がありました。また、机の置き方、製作材料の準備の仕方、活動の時間設定など、保育における環境は、全て幼児にとって意味のある環境としてとらえ、環境構成にも配慮されていました。このような一人ひとりに応じた丁寧な関わり、環境構成の工夫が、幼児の育ちにつながるのだということを学ぶことができました。（略）
②	私は、部分指導と全日指導を経験させていただきました。実際に自分が幼児の前に立ち、保育をすることによって、観察や参加実習だけでは分からなかったことに気付くことができました。特に、幼児への説明の仕方や準備物の示し方の工夫、活動の流れなど、細かな部分まで考えておかなければならないこと、個人だけでなく全体を見ていくことの難しさも実感しました。私は製作活動を

<table>
<tr><td>②</td><td>進めていく際、個人に関わり過ぎて、全体への指示が十分できませんでした。せっかく興味をもって取り組もうとしている幼児を待たせてしまうこともありました。これらのことから、個と全体への援助の工夫が、私の今後の課題だということも分かりました。また、幼児の実態に即した準備物の不足や、幼児の言動の予想が十分でなかったことも反省点です。

　実習を通して、様々な課題がみつかりましたが、先生方は私の失敗も温かく見守ってくださいました。そして、どうすればもっとよくなるのかと、常に幼児の姿を中心において、一緒に考えてくださいました。先生方の温かな人間性、高い専門性、前向きな姿勢に触れることができ、大きな学びとなりました。</td></tr>
<tr><td>③</td><td>　先生方が日誌や指導案を丁寧に読んでくださり、指導・助言をしてくださったお陰で、充実した実習を送ることができました。実習を通して学んだこと、頑張ったこと、失敗したことも含めて、今、自分の中で思い返しています。それだけに留まらず、もし、次に同じ場面に出会ったときにはどうすればいいのかということを具体的に考えたり、今からできることを準備していきたいと考えます。先生方、4週間本当にありがとうございました。</td></tr>
</table>

　以上のように、次の3つの視点から考えると書きやすいでしょう。

　①まず、実習全体を振り返りましょう。4週間の実習生活を振り返るとともに、実習全体の流れを大まかにつかみましょう。幼稚園教育実習の目的・目標（p1、p9 ～ 11 を参照）をふまえて、実習全体の感想や学びを考えていくとまとめやすいです。保育や教師の仕事の核心に触れる内容を書きましょう。

　例えば、「幼児に対して教師はいつもねらいをもって関わっていました。」「保育における環境は、全て幼児にとって意味のある環境としてとらえ、教師は環境構成に配慮されていました。」「一人ひとりに応じた丁寧な関わり、環境構成の工夫が、幼児の育ちにつながる」など。

　②次に、もう一度日誌を読み返し、詳細に保育を振り返ってみましょう。部分実習や全体実習など、あなたが実際に保育を行うなかでの気付きや学びについてエピソードを入れながら整理して書くとよいでしょう。

　例えば、「幼児のどのような姿が気になったか」

　「教師の援助の仕方をどのように学んだか」

　「どのような点に気を付けて幼児とかかわったか」

　「保育をする上でどんなことで悩んだり考えたりしたか」など。

③最後に、指導していただいたことに対する感謝とお礼の気持ちと今後に向けての自分の思いを書きましょう。

3．実習課題について自己評価する

実習に臨むにあたって、学びたいことを「実習課題」としてもちました。実習期間中、常にこの課題が頭にあったことでしょう。実習が終了した今、自分の課題について、どこまで学ぶことができましたか。もう少し深く知りたかったことはありませんか。それらをきちんと整理するとよいでしょう。

養成校によっては、実習を振り返ってレポートを提出するところもあります。課題をテーマとして、目的、課題を解決するための方法、内容、結果と今後の課題の形にまとめて提出します（p18・19、p105 ～ 107 を参照）。

4．実習日誌を整理し、実習園に提出する

実習終了後は、実習日誌の最後のページにある「全体の反省と感想」を書き、実習園に提出します。提出する前に、すべてのページが整っているか、「印」の抜けているところ、未記入のところはないかを調べましょう。自分の印を押していないところや自分が書かねばならないところが未記入の部分は、押印や記入をしてから提出しましょう。担任の先生に書いていただかねばならないところで未記入の部分は付せん紙をつけ、記入していただくようにお願いしましょう。

「実習日誌」を実習園に提出し、その後、受け取りに行き、養成校へ提出し終わったら、ようやく実習が一区切りつきます。実習日誌を受け取る際は、実習生としての自覚をもち、身だしなみを整えて園を訪問しましょう。お忙しい中、限られた期間で日誌を見てくださったことに感謝し、園の先生方にお礼の気持ちを伝えましょう。

5．お礼状を作成する

実習終了後、10 日以内を目安に実習園へお礼の手紙を書き、「封書」で出します。白無地の封筒と白無地（罫線有り）の縦書きの便箋を使用します。お礼状は手紙の形式に従って書きますが、形式的な言葉だけでなく実習中のエピソードや学んだこと、感動したことを入れましょう。お礼状の目的は、実習終了後の素直な気持ちや、実習を通しての学びへの感謝の気

持ちを、実習園の先生方に伝えることです。読み手にあなたの思いが伝わ
るよう、心をこめて書きましょう。

〈書き方のポイント〉

・2枚に収まるくらいの分量が適切です。（罫線外にはみ出さないようにしましょう）

・「です・ます」調で書きます。

・文字の美しさは、とめ・はね・はらいに出てきます。一文字ずつ、丁寧に書きましょう。

・少しでも不安な言葉や漢字があるときは調べてから書きましょう。

・必ず自分で読み返しましょう。友達や養成校の先生などに見てもらうとなおよいでしょう。

例文を参考にしながら書いてみましょう。

お礼状・封筒の宛名

末文　本文

この四週間の教育実習を通して、保育の重要性と楽しさを実感し、保育者を目指す気持ちが、私の中でより一層確かになりました。園で学んだ貴重な経験を生かし、さらに勉強を続けていきたいと思います。そして、先生方のように幼児の確かな成長を支えていける保育者になりたいと考えております。

終わりになりましたが、諸先生方の一層のご健康をお祈りしております。季節の変わり目です。どうかくれぐれもお身体を大切になさってください。

⑧結語　→　敬具

本文より二マス下げる

■
■令和○年○月○日

○○○○大学○○学科　実習生

○○　○○○

日付より一マス上げる

■
学校法人○○学園○○○○幼稚園

園長　○○　○○○　様

便せん2枚目

⑤実習の感想（実習の中での学び、感動したこと等を具体的に書く。）

④5行目から手紙の要件

本　文

前　文

①頭語

②時候の挨拶（お礼状を書く時期に合った文言）

③相手の健康を伺う文言

拝啓

秋も深まり、朝夕はめっきり冷えこんでまいりました。

〇〇〇園におかれましては、園長先生をはじめ、先生方皆様お変わりなくお過ごしのことと存じます。

さて、この度の教育実習では、大変お世話になりありがとうございました。四週間の実習期間を通して、様々な勉強をさせていただき心よりお礼申し上げます。

この実習の中で、幼児が自分でできる力を身に付け、満足感を味わったり、集団生活の中でルールを守ったりできるように、先生方は常に幼児一人ひとりに合った援助を考え実践されていることを知りました。

また、実際に指導案を考え、幼児の前に立ち実践させていただき、幼児の姿を細かく想定することの大切さや、遊びを楽しみ発展させていくことができる準備と環境構成の必要性を学びました。保育の現場を経験する貴重な機会となりました。この四週間常に丁寧なご指導をいただきありがとうございました。

便せん1枚目

第8章　実習を終えて

1．振り返りの意義と目的及び方法

1）意義

　実習では、幼児の姿を見ながら、教師が幼児に対してどのような思いや計画をもって環境の準備や指導をしているかを体験しました。そして、実際に幼児とかかわることや指導する体験を通して、幼児理解や保育の知識や方法を学びました。これは養成校では得られない貴重な経験です。保育とは、幼児一人一人に即した計画を立て、それを実践する営みです。実践の後に、自分の計画や実践は日々変化する幼児の姿にふさわしいものであったかどうか反省・評価し、次の計画を考えることは、保育には必要不可欠なことです。

　幼稚園教育実習を終えた今、それぞれが体験した自分の実習を反省し、どのような知識や技術が、自分には足りなかったのかを明確にします。これが実習の「振り返り」の意義です。実習から時間が経ってしまうと印象が薄れてしまうので、実習終了後できるだけ早くすることが大切です。

2）目的

　振り返りの目的は、実習の目的や目標がどの程度達成できたかについて評価し、その結果を次に生かすことです。実習の目的や目標は次のことでした。

○　実習の目的

・実習園において保育の実践をすることで、養成校で学んだ幼児や保育に関する知識や技術をより確かなものにすること
・幼稚園教諭の仕事や役割について学び、教師としての使命や責任を自覚し、資質を高めること

○　実習の目標

・幼稚園教育を知る
・幼児を理解する
・幼稚園教諭としての仕事の内容と役割について理解する

・幼稚園教諭としての指導技術や態度を身に付ける

・幼稚園教諭としての資質を高めるための課題を身に付ける

3）方法

　個別に自己評価をしたり、他者から評価をもらったり、グループ討議で学びを深めたりします。また、実習課題についてはレポートを作成し実践と理論を結びつけます。具体的には次のような方法で学びを深めます。

○　実習から学んだことや迷ったことなどを整理し、養成校の実習担当の先生とさまざまな角度から検討することを通して、実習の内容の客観化・定着化を図る

○　幼児から、担任の先生から学んだことについて他の実習生と意見交換をし、いろいろな見方があることを知り、学びを深める

○　発表することやレポートを作成することを通して、自分の実習課題の達成度と実習の成果を明らかにし、今後の学習課題を見つけることによって、それに意欲的に取り組む態度につなげる

2．振り返りの実際

1）自己評価と他者評価

(1)　目的

　自己評価は、実習の目的や目標を達成できたかどうかを自分で振り返り、自分を評価することです。「できたこと」を確認して自己肯定感や意欲を高め、「できなかったこと」を謙虚に振り返り、自分自身で次の学習課題を探ることが自己評価の目的です。実習は、教師となるための学習のプロセスの1つです。実習がうまくいかなかったから教師としての能力が劣っていると自分を評価するのではなく、「実習でできたこと」「できなかったこと」を整理して次の学習につなげるために自己評価を行います。

　自己評価の後に他者の自己評価を読みコメントをします。そうすることで、自己評価を相対化できます。具体的なコメントからお互いに学ぶことができ、他者も同じような不安や課題を抱えていることを知り、勇気づけられます。また、自分の視点やこだわりが明確になっていき、保育観が芽生え、課題に気付きます。

　例えば、実習で指導がうまくいかず自信をなくし教師への夢がなくなってしまっている実習生が、他の実習生の自己評価を読むことで他の実習生

も同じような体験をしていたことを知ることができます。そのことで自信を取り戻し自分の課題に気付き前向きに努力することも可能です。逆に、自分の保育に満足して実習を終えた実習生が他の実習生の反省を読むことによって、自分の評価を振り返り、自分の保育に欠けていたものに気付き、自分の保育を見つめ直し新たな課題を発見することもあります。

(2) 方法

○ 自己評価（付録の自己評価シートを使用）

　まず、この左側のシートの左上に自分の通し番号（担当教員の指示）を書きます。右下欄の学籍番号や名前は無記入のままです。

　次に下記の項目について、A〜Eの5段階で自己評価を行い、その理由や評価に該当する具体的な事柄を記入します。（A：非常によい　B：よい　C：普通　D：やや不十分　E：非常に不十分）

○ 自己評価の内容に対するコメント

　左側の自己評価及びその理由などを読み、自分の自己評価を振り返りながら、コメント①を記入します。その後、別の実習生のシートが回ってくるので同様にします。

○ コメントを通しての感想と考察

　自分のシートが返却されたら、自分の自己評価に対する他者からのコメントを読んだ感想などを記入します。そして、今回のワーク（自己評価する・他者を評価する・他者からの評価を知る）をした感想をふまえ、考察（気付き、新たに見えた課題、自分の視点の特徴）を記入します。

○ 自己評価・コメント記入の留意点

・他の実習生と相談したり、他の実習生のものを見たりしない

・自分をよく見せようとしたり逆に謙遜したりせず、ありのままの自分を見つけるよう努力する

・正直な気持ちで評価する

2）グループ討議（ワークシート(1)(2)(3)を使用）

(1) 目的

　自分たちが体験した実習内容を、話しやすい少人数（4〜5人）のグループで話し合うことで、いろいろな気づきを得ることができます。例えば、自分の体験を知らない相手に伝えることで、分かりやすく説明する力がつくとともに、他者の体験を聞き取る力や共感する力も身につきます。また、他の実習生が行った実習園を知ることで、個々の園で保育方針や保育方法

に違いがあること、環境も異なることなどの多様な姿が見えてきます。

　自分の実習園での学びだけでなく、さまざまな園の実態を知ることで、実習の学びを深めることができます。園の規模、教育方針、周辺の環境等、それぞれ異なっており、また子どもの発達の姿も異なります。グループ討議でその実情を具体的に知り、保育観、幼児観等について整理することができます。それぞれのワークシートには、次の目的があります。

　　ワークシート(1)：幼稚園教育の基本の一つ「総合的な指導」の実践について
　　　　　　　　　　まとめる

　　ワークシート(2)：幼児の発達の特徴を実際の姿からまとめる

　　ワークシート(3)：個に対してと集団に対しての幼児へのかかわりについ
　　　　　　　　　　てまとめる

(2)　方法

　それぞれのワークシートの指示に従ってグループで話し合い、意見をまとめましょう。自分の経験を相手に伝える時、分かりやすく実例を用いて説明します。話を聞く時は、分からない箇所があれば、すぐに分からないと相手に伝えるとともに、どこが分からないか、何故分からないかという理由も述べるようにしましょう。そうすることで、分かりやすく説明する力が身につきます。

3）実習レポート作成

　目標を達成するために、自分自身が学びたいことを具体的に考えました。それが「実習課題」(p18 ～ 19を参照) です。「実習課題」について考察し、レポートを作成します。

(1)　目的

　「実習課題」について自分が考えたことを基に、各自の実習成果をレポートにまとめます。しかし、このレポートは単なる自分の反省や感想ではありません。課題や課題について実習中に学んだ内容・そのことから得た今後の課題等について視点を決めて書きます。この時に大切なのは「実習課題について考察すること」です。自分は実習課題を達成できたのか、そしてその理由は何が考えられるかについて、詳しく分析することが大切です。これをすることによって、この実習で学んだことが明確になります。

(2) 留意点

　レポートは自分以外の人が読むことを念頭に置き、次のことに気を付けて作成しましょう。

・個人情報を守るために、幼児の名前・住所・保護者の勤務先・兄弟姉妹の学校等、幼児が特定される情報や実習先に関する立ち入った内容は書かない

・エピソードを事例として書くときには個人が特定されないような内容に限り、幼児や教職員の名前は ABC 等のアルファベットで表す

・幼稚園や教師、保護者についての批判と受け取られたり、誤解されたりすることのないよう、表現には注意する

・教職員の言動についての記述は、敬語を用いる

(3) 書き方

　学んだことを明確にするため論理的に書きます。つまり、なぜ自分はその課題を設定したのか（理由）、どのようにして課題を解決しようとしたのか（方法）、を明らかにします。そして、その方法に従って実際にしたこと（事例）と、分かったこと（結果）を書き、最後に、これからしなければならないこと（今後の課題）を書きます。

〈章立てと内容〉

1．課題設定の理由
　・　なぜこの課題にしたのか。
　・　どのような経験があって、この課題を考えたのか。

2．課題の解決方法
　・　考察する材料（素材）は何にするのか。
　　（例…担任の先生の保育の観察、自分の指導の分析、幼児の観察など）
　・　観察した場所、期間、対象児について。

3．事例
　・　実際に自分が行った方法や見聞きした事例について具体的に書く。
　・　各事例には考察のポイントを表すタイトルを付けると、分かりやすい。

4．考察
　・　事例から分かったことや考えたことを書く。
　・　事例毎の考察の後に全体をまとめたことを書くと分かりやすい。

5．今後の課題

・　このレポートをまとめることによって発見した自分に欠けていること（課題）

・　課題を達成するために、これから、しなければならないこと

4）実習報告会

(1)　目的

　実習報告会では、自分の実習体験について整理して発表したり他の実習生の発表を聞いたりします。実習レポートの発表をする場とする養成校もあります。いずれの場合でも実習生同士の意見交換を通して、自分と同じだと共感したり、自分が気づかなかったことを学んだりなどして視野を広げ、学びを深めることが目的です。

(2)　留意点

　実習報告会を意義のあるものにするために、他の実習生の発表を聞く時、その発表を自分自身に置きかえ、自分のこととして真剣に理解する態度が大切です。そうすると「幼児がかわいかった」「幼児とのかかわり方がわかった」など実習で学んだことを全体的な印象に留まらすことなく、「自分なら～するだろう」「そのような場合、自分は～した」といった具体的で建設的な意見としてまとめることができます。

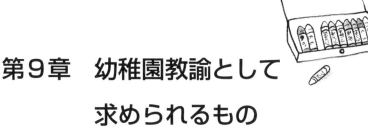

第9章　幼稚園教諭として
求められるもの

　幼稚園での教育実習を経験して、次は本当の先生として子ども達の前に立ちたいと思った人も多いことでしょう。この章では、明るく生き生きと毎日元気よく出勤し、子どもに慕われ、保護者から信頼され、同僚とともに仕事ができる幼稚園教諭として生活するために、どのようなことが求められているのかを考えていきましょう。

1．幼稚園教諭として求められる資質能力

1）幼稚園教諭に求められているもの

　教師（幼稚園教諭）にどのようなことが求められているのか、増田（2006）が保育者に求められるものとして示したもの（図9-1）をもとに考えていきましょう。一番下の土台を見ると、資質・人間性とあります。資質については、教師に求められる資質能力として後で見ていきます。教師に求められる人間性とは何でしょうか。人間性とはその人のもつ性質ですが、幼稚園の先生の人柄として考えてみると分かりやすいでしょう。例えば、園庭で子ども達と一緒に遊んでいる先生をイメージしてみましょう。その先生は、子ども達に負けないくらい元気で健康です。また、子ども達が先生と一緒に遊びたいと思うような、生き生きとした笑顔、明るさや全てを包み込むような温かさ、一生懸命さも必要です。他にも、丁寧さや頼もしさ、前向きな気持ちなど、子どもや保護者、同僚など周りの人に安心感を与える人柄であってほしいものです。皆さんが、どのような先生になりたいのかを、子どもや保護者、同僚の視点からも考えてみてください。

　資質・人間性の土台の上に、基礎的理論や基礎的技術・技能が重なっています。基礎的理論とは、幼児の発達についての理解や教育内容である5領域に関する基礎的な知識などです。それらを活かしながら、保育を計画し、環境を構成したり、幼児にかかわったりするための基礎的な技術や技能が必要です。さらに、自分の得意なことを活かしたり深めたりしていく

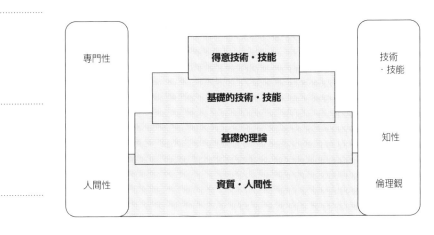

図9−1 教師に求められるもの
（増田・2006の「保育者に求められるもの」をもとに作図）

ことによって、教師としての専門性を高めていくことが求められています。

2）幼稚園教諭に求められている資質能力

ここでは、図9−1教師に求められるものの土台として挙げられていた資質について、文部科学省の資料（中教審答申・平成27年12月・令和3年1月）をもとに、これからの時代の教師に求められる資質能力として3つの視点に沿って考えていきましょう（図9−2）。

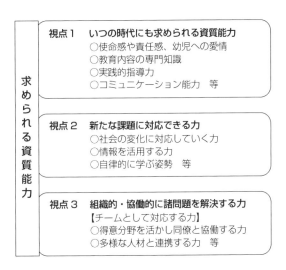

図9−2 教師に求められる資質能力
（平成27年12月、令和3年1月の中教審答申をもとに筆者作図）

視点1　教師としていつの時代にも求められる資質能力

　教師としての仕事に対する使命感、子どもに対する愛情や責任感、教育内容及び発達等に関する専門知識や実践的指導力は、どんな時代においても教師に求められているものです。実践的指導力とは、幼児教育においては保育を計画−実行−反省−改善していく力のことです。保護者、同僚など様々な人とコミュニケーションをとっていく力も求められています。

視点2　時代の変化に対応し、新たな課題に対応できる力

　私たちを取り巻く社会や環境の状況は日々変化しています。進歩だけでなく、環境問題や自然災害、国際問題など様々な課題があります。こうした社会や環境の変化、様々な課題に対応していかなければなりません。それに伴い、教育現場に求められる役割も次々と増えています。幼稚園においては、長時間保育のニーズが高まり、預かり保育を実施する園が年々増えています。また、子育てに不安を抱える保護者が増え、保護者への支援も求められています。子どもの貧困化や虐待等への対応など、様々な役割が幼稚園には求められているのです。こうした課題や社会のニーズに、限られた人員と時間の中で、どう対応していけばよいのかを考えていかなければなりません。

視点3　職場の一員として組織的・協働的に諸問題を解決する力

　様々な課題に取り組み解決していくためには、園全体でチームとして対応する必要があります。幼児教育においては、担任だけでなく、園全体で幼児を育てていくという視点が欠かせません。教師一人一人が自分の得意分野を活かしながら、それぞれに任された仕事に責任をもって取り組むと同時に、園全体で連携をとりながら協力していくことによって、質の高い幼児教育が保障されるのです。

　園内の職員だけでなく、保護者や地域、幼児教育以外の専門家との連携も必要となっています。これまでも、保護者や地域との関係作りについては重視されていました。今後より一層、様々な価値観や背景をもつ人々と情報を共有したり、思いを伝え合ったりしながら共によりよい方向に進んでいこうとする姿勢、推進力が求められています。

3）資質能力の向上のために

　今後皆さんは、幼児教育の専門家として、養成校等で学んだことを土台にしながら、目の前の幼児たちの保育や様々な課題に対応していかなけれ

ばなりません。これまで皆さんは、養成校や教育実習で講義を受けて学ぶ、教えられて学ぶという受け身の学びが中心でした。これからは、実際の保育を通して、幼児から学ぶ、先輩の先生の保育を見て学ぶ、園内外の人たちと話し合いながら学ぶ、記録等を書いたり読んだりして学ぶ、自分の保育を振り返って学ぶなど、積極的に学ぼうとする姿勢が求められます。子ども達の最善の利益のために、教師としての資質能力向上のために、様々な学び方を身に付け、自ら学び続けましょう。

2．幼稚園教諭の服務について

　教師の服務とは、教師の仕事に従事する上での義務や守らなければならない規律（ルール）のことです。教師としての生活が始まると、勤務中はもちろんのこと、日々の生活においてその自覚が求められます。つまり、教師として、仕事をする上での在り方、教師という身分を有する上での在り方を常に意識する必要があるのです。幼稚園は、国立・公立・私立の別なく、「公の性質」をもっています。ここでは、地方公務員法をもとに、教師の服務について、職務上の義務と身分上の義務について考えていきます。

1）職務上の義務

　職務上の義務とは、仕事を行うにあたって、守らなければならない義務のことです。それには、次のものがあります。

①　服務の宣誓

　地方公務員法第31条に「職員は、条例の定めるところにより、服務の宣誓をしなければならない。」と規定されています。新たに園の職員として採用された人は、職務につく前に、任命権者等の前において「服務の宣誓」をしなければなりません。

②　法令等及び上司の職務上の命令に従う義務

　地方公務員法第32条に「職員は、その職務を遂行するに当って、法令、条例、地方公共団体の規則及び地方公共団体の機関の定める規定に従い、且つ、上司の職務上の命令に忠実に従わなければならない。」と規定されています。法令等とは、日本国憲法や教育基本法など国で制定された法規や、地方公共団体で制定される条例などのことです。また、上司とは、幼

稚園では教育委員会や園の所属長（園長）のことです。

③　職務に専念する義務

　地方公務員法第30条を受けて、第35条に「職員は、法律又は条例に特別の定がある場合を除く外、その勤務時間及び職務上の注意力のすべてをその職責遂行のために用い、当該地方公共団体がなすべき責を有する職務にのみ従事しなければならない。」と規定されています。職員は、非常災害などの特別な場合を除いて、勤務時間は勤務に集中して仕事に専念しなければなりません。

2）身分上の義務

　身分上の義務とは、勤務時間であるなしにかかわらず、その身分である限り、つまり幼稚園の教師である限り守らなければならない義務のことです。それには、次のものがあります。

①　信用失墜行為の禁止

　地方公務員法第33条に「職員は、その職の信用を傷つけ、又は職員の職全体の不名誉となるような行為をしてはならない。」と規定されています。子どもや保護者、地域の方などの信頼を失うことのないよう、信用を保持すべき義務を負っているのです。

②　秘密を守る義務

　地方公務員法第34条に「職員は、職務上知り得た秘密を漏らしてはならない。その職を退いた後も、また、同様とする。」と規定されています。幼稚園で対象となることは、例えば職員会議の内容や、幼児に関する情報（家庭環境や生育歴、健康診断の記録、指導の記録等）があてはまります。この義務に違反した場合は、罰則があります。

③　政治的行為の制限

　地方公務員法第36条に「職員は、政党その他の政治的団体の結成に関与し、若しくはこれらの団体の役員となってはならず、又はこれらの団体の構成員となるように、若しくはならないように勧誘運動をしてはならない。」と規定されています。職員は、政党や政治団体の結成にかかわったり、これらの団体の役員となったり、勧誘運動をしたりしてはならないのです。

④　争議行為等の禁止

　地方公務員法第37条に「職員は、地方公共団体の機関が代表する使用者としての住民に対して同盟罷業、怠業その他の争議行為をし、又は地方公共団体の機関の活動能率を低下させる怠業的行為をしてはならない。」と規定されています。同盟罷業（ストライキ）とは集団で業務を停止することです。怠業（サボタージュ）とは仕事の能率を意図的に低下させることです。こうした争議行為は禁止されています。

⑤　営利企業等の従事制限

　地方公務員法第38条に「職員は、任命権者の許可を受けなければ、商業、工業又は金融業その他営利を目的とする私企業を営むことを目的とする会社その他の団体の役員その他人事委員会規則で定める地位を兼ね、若しくは自ら営利企業を営み、又は報酬を得ていかなる事業若しくは事務にも従事してはならない。」と規定されています。公務員は勤務時間であるなしにかかわらず、原則として営利企業等に従事することはできません。しかし、教育公務員特例法第17条［兼職及び他の事業等の従事］においては、「教育公務員は、教育に関する他の職を兼ね、又は教育に関する他の事業若しくは事務に従事することが本務の遂行に支障がないと任命権者において認める場合には、給与を受け、又は受けないで、その職を兼ね、又はその事業若しくは事務に従事することができる。」と規定されています。

3．幼稚園教諭になって

1）「不安」「悩み」「葛藤」からの始まり

　これから皆さんは夢と希望をもって就職することでしょう。担任として幼児に向き合うと、「困った」「うまくいかない」などの不安や悩みが出てきます。「なんとかしたい」と思うものの、「どうしていいのかわからない」と、これまで学んだ知識や経験だけでは対応できないことに出会うことでしょう。

　自分の実践力や技術の未熟さを自覚するとともに、自身の思い描いていた幼児の姿と目の前の幼児の姿の違いから葛藤を抱くかもしれません。例えば、かわいいと思っていた幼児の姿がかわいくないと感じたり、つい怒ってしまう自分に腹立たしくなったりしてしまうのです。「私は先生にむいていないのでは」と思うこともあるかもしれません。実はこうした思いは多くの先輩が経験しています。言い換えると、こうした経験や思いこそが、

本物の先生になっていく、よりよい保育につながるスタートなのです。大切なのは皆さんの「不安」や「悩み」、「葛藤」場面を、様々な視点から考えていくことなのです。

見る → 見分ける → 見つめる → 見極める

① 目に見える外面的なとらえ方 → 目には見えない内面的なとらえ方

② 浅く広いとらえ方 → 深くきめ細やかなとらえ方

③ 個別か全体かという　　　　　→　人と人との関係性でのとらえ方
　　数量的なとらえ方

④ 固定的・二分的　　　　　　　→　多面的・見通しをもったとらえ方
　　・対比的なとらえ方

図9－3　幼児を見る目・保育を見る目の育ち
（増田・2006に筆者が加筆）

2）「不安」「悩み」「葛藤」を解決するために

　保育中に突然、部屋から出て行く幼児がいるとします。その幼児の姿を「勝手に部屋をとび出す困った幼児」ととらえたならば、それは一面的なとらえ方でしかありません。では、幼児の姿や保育をどのようにとらえていくとよいのでしょうか。図9－3は、幼児の姿や保育の様々なとらえ方を表したものです。

①　幼児の内面を探ろうとするとらえ方

　幼児の目に見える姿や聞こえてくる言葉だけでなく、目には見えにくい内面や、言葉にならない思いを探ろうとするとらえ方です。私たち大人は、幼児の表面に現れた事柄だけをとらえて、「頑張れ」「こうすればいいよ」「どうしてなの？」と励ましたり、指示したり、理由を求めたりしがちです。そうした表面的な言葉やかかわりでなく、幼児の行動や言葉の奥にある内面、心の動きを見つめ、幼児のかすかな変化を読み取ろう、理解しようとすることが教師には求められています。そして、それこそが保育のスタートなのです。

②　深くきめ細やかなとらえ方

　幼児数名が同じ場で遊んでいたり、同じように行動したりしていても、幼児一人一人をよく見ていくと、それぞれ興味をもっていることや経験し

ていることが異なっていることに気付くでしょう。幼児一人一人の姿を、深くきめ細やかにとらえていくことが大切です。

③　人と人との関係性でのとらえ方

　幼児は、幼稚園において複数の友だちや集団とのかかわりを通して心身の発達が促されていきます。幼児教育では、個の育ちとともに集団の育ちを支えていくことが大切です。その際に留意したいのは、幼児の人とのかかわり方というのは、友だちと一緒に遊んでいる、話をしているといった直接的なかかわり方だけではないということです。友だちの遊ぶ姿を遠くから見ていたり、同じ場で遊んでいなくても、友だちや教師の様子を感じていたり、時間がたってから友だちの行動を真似たりすることがあります。幼児一人一人が遊びや生活の中でどのように友だちや教師とかかわっているのか、集団の中でどのように過ごしているのかを見ていく必要があるでしょう。

④　幼児の姿を多面的に考え、見通しをもってかかわろうとするとらえ方

　①～③で見てきたように、幼児の姿をよく見ていくと、それぞれの幼児の思いやその行動の意味が様々であることが分かります。言い換えると、教師が、幼児のどこを見てどのようにとらえるのかが、保育を考えていく上で極めて重要なのです。まずは、幼児の姿を目に見える言動だけでとらえるのではなく、そして、決め付けてしまうのではなく、幼児の内面を多面的に理解しようとする姿勢をもちましょう。

　幼児の言動を様々な視点からとらえ直してみることによって、今まで気づかなかった幼児の姿や保育の手立てが少しずつ見えてきます。「不安」や「悩み」「葛藤」を、自分の保育や幼児とのかかわり方を見直すきっかけと受け止めていきましょう。

3）保育を振り返ること

　幼児の姿や保育を振り返り、日々の実践につなげていった過程、また、実践を通しての幼児の具体的な姿をぜひ記録に残しておきましょう。それが幼児の育ちであり、皆さんが実践を通してつかみとったかけがえのない事実です。

　保育には答えがないと言われます。それは幼児の姿や状況がそれぞれ異なること、また、保育というのは、そのときその場で、教師が最善だと思ったことを即時に判断して行動していくことの連続だからです。

何年経験した教師でも、保育が全てうまくいったと思える日はなかなかありません。幼児の姿に「どうして」と悩んだり、保育を振り返り「うまくいかなかったな」と苦い思いをしたりしています。しかし、そこで終わらず、振り返りに基づいて、明日からの実践の具体的な手立てを考えていくのです。時には自分の知識や技能、これまでの経験だけでは行き詰まってしまったり、一般的な見方や考え方に陥ってしまったりすることもあります。その時は、周りの先生に話を聞いてもらったり、連絡会や職員会議等で他の教職員と話し合う機会をもったりしましょう。次の記録は、幼稚園教諭として17年目（年長児担任）の筆者の記録です。

3年保育5歳児　5月　砂場

　「先生、すごいのができたから来て！」と大きな声で呼ぶA児の声を聞いて、私は急いで砂場に行った。すると、砂場の真ん中に、型押しや板、シャベルなどたくさんの砂場道具が高く積み重ねられていた。そのそばでA児が、「お城みたいでしょう」「一人で作ったんだよ」と嬉しそうに言う。私は、砂場道具を積み重ねて喜んでいる5歳児の姿をどう受け止めればよいのか戸惑い、「すごいものができたね」とだけしか、A児に返すことができなかった。しばらくすると、積み重ねていた道具が崩れてしまった。A児は「あーあ壊れちゃった」とだけ言ってその場を離れてしまった。

　その日の職員会議でこの出来事を皆に伝えた。私は、A児の姿を「砂場の経験が少ないのかもしれない」「友だちとのかかわりが必要かもしれない」と読み取った。そして、「教師がしっかり遊びにかかわり、学級で砂場の経験を積み重ねたい」と伝えた。すると、他の職員から、「A児は何を楽しんでいたのかな」という意見が出、そのときのA児の内面を皆で言い合った。

　筆者は急いで砂場に行ったものの、その場のA児の喜びの姿と、砂場に高く積み上げられた砂場道具の状況を見て戸惑いました。それは、目にした光景を5歳児、しかも3年目の砂場の活動として素直に受け止められなかったのです。そのために、「大きな声で」呼び、また、「嬉しそうに」しているA児の姿には、全然思いがいっていません。そればかりか、A児の嬉しく思っている姿に共感することなく、一方的に筆者の思いの方向に変えていこうとしています。このA児への心無い対応に歯止めをかけてくれたのが、「保育の振り返り」や「仲間との語り合い」でした。

　当時、筆者は転勤したばかりで、これまでと異なる環境や保育の方法に戸惑い、なんとなく保育がうまくいかないなという焦りを感じていました。しかし、この日の振り返りや話し合いで、戸惑いや焦りは、幼児の表面的な姿ばかりをとらえていたことが一つの原因だと気付きました。改めて、幼児の言動をまずは受け止めることから始め、幼児と一緒に遊んだり、幼児の思いに共感したりしながら保育を考えていこうと思うようになったのです。

　最後に、これまで、保育を振り返ることや園内で話し合うことの大切さを述べてきましたが、ぜひ、保育の中のうまくいったことや嬉しかった幼児の姿や育ちについての話し合いを大切にしてください。話し合いというと、限られた時間を有効に使おうと、課題や改善点ということが中心になりがちです。加えて、保育の失敗や成功を含めて園内で話し合うことの楽しさや安心感、支え合い認め合うことを大事にしてもらいたいと思います。

　毎日の保育を振り返ること、記録をとること、それらをもとに話し合うこと、そこから明日の保育を具体的に考えていくこと。この日々の積み重ねこそが、保育の質の向上にもつながります。

第10章　幼稚園教育の現代的課題

　実習生の皆さんにとって、まず学ぶべきは幼児の発達や保育内容です。なぜなら、自らが保育者として保育現場に臨む際、自立して保育を展開できる実践力や知識が求められるためです。しかし、今日の幼稚園教育に目を向けると、幼児や保育内容のほかにも様々な課題が山積しています。本章では、実習生の皆さんが今後のために知り得ておくべき幼稚園教育の課題を具体的に確認していきます。

1．幼稚園教育の"今"と幼稚園教諭に求められること

　教育というものは、基本的には社会に求められて中身を変えていきます。つまり、社会が変われば教育も変わるのです。そのため、教育に携わる保育者は常に社会の動向に注意を向けて、情報をキャッチするアンテナを立てて、リアルタイムに世の中を見ていくことが必要です。

　ここでは、改めて子どもを取り巻く現代社会の状況を整理し、今どのような教育が私たちに求められているのかを確認します。

1）Society5.0を生きる子どもたち

　内閣府は、現代の社会を「Society5.0」と表現しています。Society5.0とは、「サイバー空間（仮想空間）とフィジカル空間（現実空間）を高度に融合させたシステムにより、経済発展と社会的課題の解決を両立する、人間中心の社会（内閣府、2021）」のことです（図10－1）。

　非常にざっくりとした言い方をすれば、高度に情報化が進んだ社会のことです。例えば、現代では一人一台スマートフォンを持っているのが当たり前になっています。また、皆さんの中には自分のパソコンやタブレット端末を持っている人もいるでしょう。これらの通信機器は、ネットワークを介して世界中の情報と繋がっています。そのため、私たちは昼夜を問わずスマートフォンの画面を操作するだけで欲しい情報や好みの情報を手に入れることができます。また、高度に発展した情報社会では、他者との繋がり方も変化してきます。家に固定電話しかないような時代では、学校や会社から帰った後に友人や同僚と連絡を取ることも困難です。そのため、

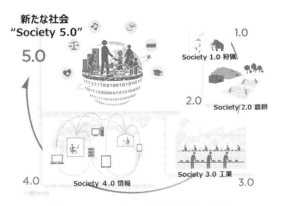

図 10 - 1　Society5.0（内閣府、2021）

大体の用事は「明日伝えよう」となります。しかし、現代はどうでしょう。連絡したい相手にいつでも連絡できます。その上、電話だけでなくメールや SNS（＝ソーシャルネットワーキングサービス）も自由に使うことができます。最近では、Zoom や Meet といったオンラインで映像を介してコミュニケーションが取れるツールも身近になりました。こうした社会では、大体の用事を「今から伝えよう」になります。そのため、身の回りにある様々な出来事が数十年前と比べて圧倒的な速さで過ぎ去っていく時代になりました。

　文部科学省は『幼稚園教育要領解説』の中で、「変化が急速で予測が困難な時代にあって、学校教育には、子どもたちが様々な変化に積極的に向き合い、他者と協働して課題を解決していくことや、様々な情報を見極め知識の概念的な理解を実現し情報を再構成するなどして新たな価値につなげていくこと、複雑な状況変化の中で目的を再構築することができるようにすることが求められている」と綴っています（文部科学省、2018）。そのために、2017 年の幼稚園教育要領改訂では、「幼児期に育みたい資質・能力」と「幼児期の終わりまでに育ってほしい姿」が示されました。この2つは、保育者が意識的に取り組むべき目下の課題です。整理をして確認をしましょう。

２）幼児期に育みたい資質・能力

　幼稚園教育において育みたい資質・能力とは、「知識及び技能の基礎」「思考力、判断力、表現力等の基礎」「学びに向かう力、人間性等」です。

知識及び技能の基礎	豊かな体験を通じて、幼児が自ら感じたり、気付いたり、分かったり、できるようになったりすること
思考力、判断力、表現力等の基礎	気付いたことや、できるようになったことなどを使い、考えたり、試したり、工夫したり、表現したりすること
学びに向かう力、人間性等	心情、意欲、態度が育つ中で、よりよい生活を営もうとすること

　この資質・能力は、周りの世界の諸々を詳しく知り、それらについてしっかりと考え、さらに高みを目指していくことで、より高いものになっていきます。また、資質・能力は長い時間をかけて成長し、乳幼児期全体を通して少しずつ育っていくことで、幼児教育の終わりころには「幼児期の終わりまでに育ってほしい姿」として現れます（無藤、2018）。従来、幼児教育では「環境を通した保育」が相応しい考え方として掲げられており、活動の内容として５領域が示されていました。2017年の幼稚園教育要領改訂では、新たに資質・能力を打ち出すことによって、一層具体的にどういう内容をどのように育成して子どもを育むかが示されたのです。

３）幼児期の終わりまでに育ってほしい姿

　幼児期の終わりまでに育ってほしい姿とは、幼稚園教育要領に示されるねらい及び内容に基づいて計画され、実践される活動全体を通して、幼稚園教育において育みたい資質・能力が育まれている幼児の幼稚園修了時に見られる具体的な姿であり、保育者が指導を行う際に考慮するものです（岩立、2018）。

　保育者は５歳児後半の子どもの姿を想定して、保育のねらいや内容を計画します。その際、10の姿は個別に考えるものではなく、あくまで人間性の観点から融和的に育まれるよう留意しましょう。一つずつ順番に達成するようなイメージではなく、10の項目が関係し合って育まれるイメージを思い浮かべると質の高い保育に繋がっていきます。

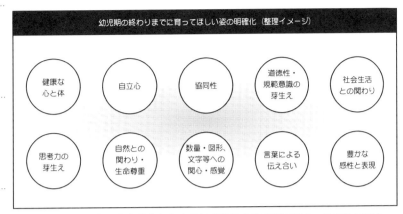

図 10 - 2　中央教育審議会初等中等教育分科会教育課程部会　幼児教育部会

2．学校評価について

1）学校評価の目的

　平成 28 年 3 月に「学校評価ガイドライン」が改訂され、下記の事項が目的として示されました。

【学校評価の目的】
① 各学校が、自らの教育活動その他の学校運営について、目指すべき目標を設定し、その達成状況や達成に向けた取組の適切さについて評価することにより、学校として組織的・継続的な改革を図ること。
② 各学校が、自己評価及び保護者など学校関係者等による評価の実施とその結果の公表・説明により、適切に説明責任を果たすとともに、保護者、地域住民等から理解と参画を得て、学校・家庭・地域の連携協力による学校づくりを進めること。
③ 各学校の設置者等が、学校評価の結果に応じて、学校に対する支援や条件整備等の改善措置を講じることにより、一定水準の教育の質を保証し、その向上を図ること。

2）学校評価の方法

　平成 28 年に改訂された「学校評価ガイドライン」では、学校評価の実施手法を以下の 3 つの形態に整理しています。

自己評価	………	各学校の教職員が行う評価
学校関係者評価	……	保護者、地域住民等の学校関係者などにより構成された評価委員会等が、自己評価の結果について評価することを基本として行う評価
第三者評価	…………	学校とその設置者が実施者となり、学校運営に関する外部の専門家を中心とした評価者により、自己評価や学校関係者評価の実施状況も踏まえつつ、教育活動その他の学校運営の状況について専門的視点から行う評価

3）学校評価の実施

自己評価	………	自己評価は重点化された目標設定から始まり、重点目標は学校の課題に即した具体的で明確なものとすること。また、PDCAサイクル「目標設定（Plan）－実行（Do）－評価（Check）－改善（Action）」による自己評価によって、重点目標に基づく評価や評価結果に基づく改善方策の立案が重要である
学校関係者評価	……	学校関係者評価には、自己評価の結果を評価することを通じて、①自己評価の客観性・透明性を高めること、②学校・家庭・地域が共通理解を持ち、その連携協力により学校運営の改善に当たること、が期待されており、学校・家庭・地域を結ぶ「コミュニケーション・ツール」としての活用が図られることが重要である
第三者評価	…………	第三者評価では、自己評価や学校関係者評価に加え、学校評価全体を充実する観点から評価を行い、学校の優れた取組や今後の学校運営の改善につなげるための課題や改善の方向性等を提示する。また、学校関係者評価と第三者評価の両方の性格を併せ持つ評価を行うなど、地域や学校の実情等に応じて、評価の実施体制は柔軟に対応する

3．保護者の子育て環境と保護者対応

1）子育てに対する不安と困難

　現在の子育て家庭では、核家族化の進行や地域における繋がりの希薄化などといった社会環境の変化に伴い、日々の子育てに対する支援や協力が得にくい状況となってきています。また少子化の影響もあり、子どもが産まれるまで乳幼児と接したことがないという保護者もみられ、育ちのイメージがもてないことは子育てに対する不安感の原因になっていると考えられます。効率的でも、楽でもなく、自らが努力してもなかなか思うようにはならないことが多い子育ては、困難な体験であり、その喜びや生きがいを感じる前に、ストレスばかりを感じてしまいがちであるとの見解もあります。これらのことは子育て不安や子育ての負担感や困難感の高まりに繋がっています。

　こうした状況の中、児童相談所が対応した児童虐待に関する相談件数も年々増加し続けており、虐待が大きな社会問題になっています。ただし、これは虐待が行われた実数ではなく、相談対応件数です。相談対応件数の増加には、2004 年の児童虐待防止法の改正により、通告の対象が「児童虐待を受けた児童」から「児童虐待を受けたと思われる児童」に変えられたことなどが背景にありますが、社会的に子どもへの虐待をよしとしない意識の形成や、昔と現在の子育てにおける認識の違いなども関連していると考えられています。

　依然として経済状況や企業経営を取り巻く環境が厳しいなか、労働時間の増加や過重な労働などの問題が生ずる傾向にもあり、保護者が子どもと一緒に食事を取るなどの子どもと過ごす時間が十分ではなくなり、これも親の子育て環境に影響を与えている要因であるとの指摘もあります。

2）情報社会ゆえの錯綜

　近年、子どもの成長発達や病気、生活やしつけなど、子育てに関する知識については大量の情報があふれ、どれがよいのかよくないのか判断が難しく、むしろ保護者を不安にさせる状況にあります。

　特に、インターネットからの子育て情報の入手がテレビや本、雑誌等を上回り、一般的になっています。乳幼児をもつ母親のインターネット利用については、子育てに関する情報をインターネットから得るだけでなく、積極的に情報を発信したり、子育て不安の解消に役立てたりしていること、一方で子育て不安を増大させているとする報告（藤谷、2013）もあり

ます。

　保育者が子育て支援を行っていく上では、多くの保護者が子育て情報を
インターネットで入手し参考にしているという実態を踏まえる必要があり
ます。保護者の子育てについての思い込みが、インターネットからの情報
によることもあり、保護者がなぜそのように考え、そのような子育てをし
ているのかということへの理解と共感をもとに、支援していくことが求め
られます。

　保護者が既にインターネットなどから情報を入手していることを踏まえ
て、情報迷子にならないよう、時には複数の子育て情報を取捨選択するこ
とを促すことも保育者に求められる役割です。

3）仕事と子育てを両立することの困難さ

　現在では、多くの家庭が共働きです。厚生労働省が発表した2021年「国
民生活基礎調査」の結果によると、児童のいる世帯における母の仕事の状
況について、末子の年齢階級別の年次推移をみると、「仕事あり」の割合
は75.9％であり、上昇傾向となっています。一方、「仕事なし」の割合は、
概ね低下傾向となっています。第一子出産を機に離職する女性の割合は、
リクルートワークス研究所「全国就業実態パネル調査（JPSED）」の結果
の推移をみても、2016年に45.0％（第一子出生年2011-15年）、2017年に
44.2％（第一子出生年2012-16年）、2018年に44.2％（第一子出生年2013-
17年）、2019年に42.1％（第一子出生年2014-18年）と低下しています。
しかし正規社員と非正規社員との間で就業継続率に大きな差がある（正社
員：69.1％、パート・派遣：25.2％）ことなど、仕事と子育ての両立に向
けた希望と現実のギャップは未だ大きいです。

　日本では、1990年に、前年の合計特殊出生率が最低であった「1.57ショッ
ク」をきっかけに、少子化対策としての保育サービスの充実、子育て支援
サービスの拡充は国を挙げた課題となりました。待機児童解消のための保
育所の増設、保育時間の延長、一時預かり保育、ファミリーサポート事業、
幼稚園で預かり保育ができるようになったり、子育て支援が幼稚園教育要
領の中に組み込まれたりしたのも、その社会的な必要性の高まりを背景と
しています。

　共働き世帯の状況をみると、仕事と家事・子育ての両立に伴う母親の疲
弊感が問題点として指摘されています。厚生労働省の「令和3年版厚生労
働白書」（100人でみた日本、日本の1日）によると、6歳未満の子ども
を持つ親が育児・家事に費やす時間は、妻が7時間34分（454分）であ

るのに対し、夫は 1 時間 23 分（83 分）です。妻と夫の育児・家事時間には、なんと 5 倍以上の差があります。とくに女性は、通常の仕事と同じくらいの時間を子育て・家事に費やしています。「イクメン」という言葉に象徴されるように、父親が子育てに関わることを推奨する雰囲気や行政・企業の制度も社会的に広がってきています。しかしながら、男性の育児休業取得率は依然として低調である（5.14％）ことや、制度があっても実際には利用しにくいといった問題があります。

　また「小 1 の壁」という問題も、共働き世帯の保護者が深刻に悩む問題です。「小 1 の壁」とは、子どもを保育所に預けていたころと比べて、仕事と家事・育児との両立が難しくなることを指します。保育所では延長保育を設けている施設が多く、少し遅い時間のお迎えも可能なケースがあります。一方、小学校入学後は、授業が終わった放課後からお迎え時間まで放課後児童クラブ（学童保育）に預けられますが、公的学童は「18 時ごろ閉所」「延長保育なし」が一般的です。また、児童の登校時間も保育所時代より遅くなる場合も少なくありません。春休みや夏休みなどの長期休暇もあります。

　人口減少社会が到来する中で、男女ともに仕事と子育てを両立し、安心して働き続けるために夫婦で家事や育児を協力して分担することが大切ですが、放課後児童クラブも含めた幅広い保育サービスを充実させていく、短時間勤務やフレックスタイム制など多様で柔軟な働き方を認めるなどの乳幼児期から学童期までを視野に入れた両立支援の制度化を進めていくこととあわせて実際の制度運用もうまく行っていかなければなりません。

4）保護者との向き合い方

　すでに述べた通り、現代の保護者は子育てや親としての振る舞いに不安や悩みを抱えていることが珍しくありません。そのため、保育者は以下のことに留意をして関わるように心がけましょう。

・ 保護者の気持ちに寄り添って、まずはゆっくりと話を聴くようにしましょう。決して相手の話を遮ることや否定することなく、傾聴する姿勢が大切です。
・ 保育者自身は冷静になって、落ち着いた雰囲気をつくれるよう意識しましょう。保護者の感情に共感するあまり保育者が焦ってしまったのでは、却って保護者に不安感を与えてしまうかもしれません。
・ 保護者が感情を表出できるように工夫しましょう。内容がネガティ

ブであるほど、人は感情を押さえつけてしまいます。保護者が本音を話せる場所の提供や話し方を工夫しましょう。

・ 園や保育に対する要望や不満に対しては、保護者の味方や否定をせず、事実を確認したのちに一度上司へ報告できるよう持ち帰りましょう。無理にその場で答えを出そうとする必要はありません。自分で解決しようとせず、チームで保育していることを思い出しましょう。

４．子ども・子育て家庭に対する制度の実情

１）子育て支援拠点として地域に貢献する園のあり方

　子ども・子育て支援法第59条の９により、市町村において、地域における子ども・子育て事業が実施されています。子育て家庭が交流できる集いの場を設け、子育てに関する専門的な支援を行う地域の子育て支援拠点事業なども幼稚園や保育所等が委託を受け実施しています。

　現在、幼稚園および保育所、認定こども園には、子ども・子育て家庭に対する支援の中心的役割を果たすことが求められています。保育者には、地域において子育て支援の中核的な役割を担うことが期待されており、幼児教育・保育の専門性を背景とした子育て支援が求められています。

　子育て支援については、2017年に告示された「幼稚園教育要領」「保育所保育指針」「幼保連携型認定こども園教育・保育要領」（以下、「要領・指針」といいます。）には、園を利用している保護者に対する支援と、地域の保護者（地域で生活する子育て家庭の保護者）等に対する支援について記載されています。また、保護者との相互理解や信頼関係を基盤とした支援を行うことや、園だけの支援ではなく、地域の関係機関等と連携して支援に努めることなども共通して記載されています。しかし要領・指針のなかでは、子育て支援での留意事項が書かれていますが、具体的な手法については、述べられていません。

　地域の保護者等（子育て家庭）に対する幼稚園等のもつ専門性を発揮した子育ての支援の実践例としては、地域の親子に向けて子育て不安等についての相談や助言、子育て情報の提供、遊び場と遊びの提供、子育て講演会、手作りおもちゃの作成など子育て講座の実施、園で開催する行事や園庭開放に親子の参加を促すことなどが挙げられます。それぞれの園で子どもと楽しむ行事や催しを工夫しながら子育て支援を実践しています。

２）幼保小の接続・連携（小１プロブレム・生活科・教員間の理解と交流）

2017 年に告示された「幼稚園教育要領」「保育所保育指針」「幼保連携型認定こども園教育・保育要領」と「小学校学習指導要領」では、幼保小の接続と連携の取り組みについて記載されています。この背景には 1990 年代後半から社会問題として取り上げられるようになった「小１プロブレム」が影響しています。「小１プロブレム」とは、幼稚園や保育所での生活から、小学校での学習を中心とした生活に、子どもたちが適応できないといった状況が起こるというものです。入学した時点で、基本的な生活習慣が身についていない子どもが授業中に騒いだり、勝手に動き回ったりして、授業が成り立たないケースのことです。2005 年ころから全国的に顕著な事例が報告されるようになりました。

幼小接続・連携について「幼稚園教育要領」では第１章第３の５の(1)、(2)の２つの項目で触れられています。

(1) 幼稚園においては、幼稚園教育が、小学校以降の生活や学習の基盤の育成につながることに配慮し、幼児期にふさわしい生活を通して、創造的な思考や主体的な生活態度などの基礎を培うようにするものとする。

(2) 幼稚園教育において育まれた資質・能力を踏まえ、小学校教育が円滑に行われるよう、小学校の教師との意見交換や合同の研究の機会などを設け「幼児期の終わりまでに育ってほしい姿」を共有するなど連携を図り、幼稚園教育と小学校教育との円滑な接続を図るよう努めるものとする。

幼保小の接続とは、子どもの発達や学びの連続性を保障するため、幼稚園・保育所・認定こども園における幼児期の教育と小学校における学童期の教育を円滑に接続し、すべての子どもに対して体系的な教育を行うことを意味しています。具体的な方策として５歳児後半から小学校１年生にかけて取り組まれている接続プログラムを「スタートカリキュラム」と呼びます。これまで各自治体で取り組みが実施されてきましたが、本格的な取り組みは依然として不十分のため、2022 年度から幼保小の「架け橋教育」として「幼保小架け橋プログラム」の取り組みが実施されることになりました。幼保小の架け橋プログラムは、「子供に関わる大人が立場を越えて連携し、架け橋期（義務教育開始前後の５歳児から小学校１年生の２年間）

にふさわしい主体的・対話的で深い学びの実現を図り、一人一人の多様性に配慮した上で全ての子供に学びや生活の基盤を育むことをめざす」ものです。文部科学省は、「令和４年度から３か年程度を念頭に、全国的な架け橋期の教育の充実とともに、モデル地域における実践を並行して集中的に推進していく」こととしています。

またスタートカリキュラムという名称は、「小学校学習指導要領解説」の中で使用されています。小学校１年生の学校生活を円滑に展開できるようにするために生活科が重要な役割を担っています。学習指導要領では、「小学校の入学当初においては、幼児期の遊びを通じた総合的な指導を通じて育まれてきたことが、各教科等における学習に円滑に接続されるよう、スタートカリキュラムを（中略）編成し、その中で、生活科を中心に、合科的・関連的な指導や弾力的な時間割の設定など、指導の工夫や指導計画の作成を行うことが求められる。」（小学校学習指導要領解説　総則編　第３章第２節学校段階間の接続）と示されています。つまり、全ての学校で、「スタートカリキュラム」を「幼児期の終わりまでの育ってほしい姿」を踏まえ作成し、実施することが必須となっています。

次に幼保小連携の取り組みとしては、子ども間や保育者（幼稚園教諭・保育士・保育教諭）・小学校教師間の交流が進んできています。子ども間の交流活動では、園の子どもたちが小学校を訪問したり、小学生が生活科や総合的な学習の時間に園を訪問したりします。また、保育者・小学校教師間の交流では、保育参観や授業参観、意見交換や合同研修、人事交流などを通じて、それぞれの時期に子どもがどのようなことを体験し、学んでいるのかに加え、保育者や小学校教師がどのような意図をもって、日々保育や教育を行っているのかへの理解を深めることができます。特に、それぞれの教育現場を直接見る機会は互いの教育のあり方を見直すよい機会でもあります。しかし、計画的、継続的、組織的に取り組んでいくためには課題もあります

3）子育て支援の制度

2015年４月から「子ども・子育て支援新制度」が実施されています。子ども・子育て支援新制度とは、子育てと仕事の両立支援や保育所の待機児童問題など、幼児教育・保育、地域の子育て支援の量の拡充や質の向上を進めていくためにつくられた制度です。2012年８月に成立した「子ども・子育て支援法」、「認定こども園法の一部改正」、「子ども・子育て支援法及び認定こども園法の一部改正法の施行に伴う関係法律の整備等に関する法

律」の子ども・子育て関連 3 本に基づいています。

　この制度では、幼児教育や保育が必要な子どものいる家庭だけではなく、すべての家庭を対象に地域のニーズに応じた多様や子育て支援を通して、子どもたちがより豊かに育っていける支援をめざしています。これにより子どもの年齢や保護者の就労状況に応じて、さまざまな支援を受けることができるようになっています。就学前の子どもが教育・保育を受ける場として、幼稚園・保育所・認定こども園に加えて、0 ～ 2 歳の子どもを少人数で保育する地域型保育があり、前者を施設型給付、後者を地域型保育給付とした給付の仕組みが創設されています。

　2022 年 6 月には、こども家庭庁設置法、こども家庭庁設置の施行に伴う関係法律の整備に関する法律、こども基本法の 3 法が公布され、2023 年 4 月より、子ども・子育て支援に関する施策等を一元的に管轄する「こども家庭庁」が設置され、その基本法として「こども基本法」が施行されています。

5．幼児教育や子育てに関する現代の社会問題

　皆さんは保育や子育てに関連する毎日の報道に耳を傾けていますか。最近では、テレビだけでなく SNS やインターネット等でも手軽にニュースを見ることができます。教育は社会と深く結びついていますので、世の中が移り変われば教育のあり方や価値観も変化します。こうした移り変わりの中で発生する幼児を取り巻く問題は後を絶ちません。今後、保育の現場に足を踏み入れる実習生の皆さんだからこそ、ぜひ現代の社会問題に関心を向けてほしいと思います。

1）現場で発生する事故

　保育者は幼児の安全に最新の注意を払っています。これは、養護の観点からも基本事項になります。しかし、どれだけ注意をしていても偶発的に事故は起きる場合があります。

①　園外における事故

　2019 年と 2021 年には散歩中の園児の列に車が突っ込む事故が起こっています。正直なところ、車が突っ込んできた場合の対処など仕様がありません。しかし、事前に交通事故の発生リスクを抑制することは可能です。例えば、散歩や遠足を計画する際には下記のことを徹底します。

- 入念な計画の立案と複数の保育者による内容の確認
- 同行する保育者数の十分な確保
- おたより等を活用した保護者への事前説明
- 園外活動に非賛同的な保護者への丁寧な対応
- 利用する施設や地域へのアポイントメント
- 幼児が通るコースの事前下見（極力同時間帯に実施）
- 幼児が通るコースの交通量や人通りを確認
- トイレや病院の位置を確認

② 園内における事故

　園内は安全かと思いきや、園内でも保育中の事故が発生しています。例えば、記憶に新しいものとして園バスの事故が挙げられます。いわゆる、園バスの中に幼児が取り残されるという事故です。他にも、アレルギー食品の誤食や活動中のケガなど、園内での事故は多岐にわたります。こうした事故を防ぐためには、やはりマニュアルの作成と徹底が必要です。園内で入ってはいけない場所の共通認識や禁止事項の確認、職務でチェックしなければならない事項（チェックシートの活用）など、多忙な保育者だからこそ丁寧な仕事を行うためにマニュアルは有効なのです。

　また、最近ではマニュアルとあわせて ICT の導入にも期待が寄せられています。例えば、園児の体調を記録するサービスや出欠の確認を保護者と共有できるサービスなどがあります。他にも、午睡中の幼児の体温や呼吸を感知するシステムも開発されています。

　保育とは、人と人が関わる仕事です。だからこそ、従来の人の手による確認を怠らず、一方では最新の技術を併用して万全の体制を整えていきたいものです。

2）働き方改革

　幼児の成長や発達に携わり、未来に種を撒く仕事は唯一無二です。他では得られないやりがいや達成感を得ることができると思います。そして、保育者の働き方改革に世の中が注目し始めたことをきっかけに、ますます魅力あふれる仕事に変わっていくと期待がもてます。以下は、現在取り組まれている保育者の働き方改革です。保育者自身の幸せも考えたワーク・ライフ・バランスを大切に、よりよい保育の実現を目指しています。

【業務の見直し】

　保育者は園児に関するすべての業務を担当するような風潮がありました。そのため、日中の保育や各種記録だけでなく、園内における様々な業務もこなしていました。とはいえ、一日の勤務時間でできることには限りがあります。そのため、残業や持ち帰り仕事も珍しくはありませんでした。しかし、これでは保育の質を保つことに限界があります。そこで、保育者の業務の見直しが図られました。その結果、例えば保育者の立場に合わせた業務の担当分けや、ノンコンタクトタイムといった幼児と直接関わらない時間の導入など、様々な工夫が散見されるようになっています。

【ICT（情報通信技術）の活用】

　一昔前は、機械に頼ることは手を抜いているなどネガティブな見方もありました。しかし、最近の技術進歩は目覚ましく、ICT は保育者の職務を助けるだけでなく、保育の質の向上にも一役買うようになりました。これによって、保育者の業務が効率化され、ICT の活用によって生じた時間は基本的に保育の質を向上させるために有効活用します。例えば、会議や記録作成、研修への参加などが相当するでしょう。

【家庭と仕事のバランス】

　保育者は幼児のことを最優先に考えます。いわゆる「子どもの最善の利益」を保障しようという考え方です。これは現在でも大切な理念として各所で主張されています。一方で、保育者自身の生活にも目を向けようとする立場が生じてきました。これは決して幼児と保育者のどちらを大事にするかという二者択一ではなく、「保育者自身が心身ともに健康でいることこそが、質の良い保育の実現につながる」という見方です。

　保育者として幼児のことを優先的に考えることは立派です。ただし、保育はあくまで仕事でもあります。改めて、自らの生活をふり返り、ワーク・ライフ・バランスを意識するよう保育者の働き方が変化しています。

【キャリアアップ】

　最近では、キャリアアップも働き方改革の重点課題です。これは、本来キャリアアップを行うことで処遇改善につなげるねらいがあります。そのため、キャリアアップに関する研修に参加することが具体的な方法となっています。一方で、研修に参加した保育者は新しい知識やアイデアを得ることができます。また、従来とは異なる視点から自分の保育をふり返るきっかけになることもあります。こうしたインプットの機会を大切にし始めた

ことで、保育者自身が一度立ち止まって省察を行う時間が保障されるようになってきました。就職後に受ける研修は、学生時に比べて内容に対するリアリティがちがいます。やはり、自分が毎日クラスを運営して保育を行っていますので、すべてが自分ごとです。研修後に参加した保育者同士が保育談議に花を咲かせることも珍しくありません。意外とこうした時間が有意義に感じられ、やりがいにつながります。

6. 未来に向けた話題

1）幼児教育とICT

　現代は日常生活そのものに情報機器が浸透しています。2017年に告示された幼稚園教育要領では、「情報機器の活用」が明記されています。

　「幼児期は直接的な体験が重要であることを踏まえ、視聴覚教材やコンピュータなど情報機器を活用する際には、幼稚園生活では得難い体験を補完するなど、幼児の体験との関連を考慮すること」（第1章第4節. 3指導計画の作成上の留意事項（6））

　幼児期は直接的な体験が重要であることを理解したうえで、幼児教育において情報機器の活用が求められるようになりました。それでは、幼稚園等では、情報機器をどのように活用したらよいでしょうか。幼児教育で活用される情報機器としては、機器と呼ばれるコンピュータ、携帯電話、スマートフォンやタブレット端末などがあります。ICTとは「Information and Communication Technology」の略称で、「情報通信技術」のことですが、ICT機器は情報伝達が送り手からだけでなく、受け手からも送り手に情報発信できる双方向（インタラクティブ）性をもっています。

　ICT機器の活用は、主に業務作業の効率化のための「園務（事務処理・管理面）の活用」の他、「幼児教育・保育活動支援の活用」「遊具としての活用」に分けて考えられています。

　今日では、多くの幼稚園がポートフォリオやドキュメンテーションなどを活用した記録に取り組んでいます。保護者と保育者、保育者同士の情報共有の有効なツールとなり、記録すること自体が保育者の幼児理解を深めていきます。また、遊具としては、描画ソフトや文字や数量への関心を引き出す知育ソフトなどがあります。しかしながら、情報機器を使った遊びの有用性については意見が分かれるところです。保育者には、それぞれの機器の特性や使用方法などを理解したうえで、教育に有効活用できる実践力が求められます。

2）幼児教育の魅力

　幼稚園は、その後の学校教育全体の生活や学習の基盤を培う役割を担っています。幼児が小学校就学までに「創造的な思考や主体的な生活態度などの基礎を培うようにする」（幼稚園教育要領解説第1章第3節．5小学校教育との接続に当たっての留意事項（1））ことが求められています。

　2019年度より再課程認定を受けて新しい教職課程がスタートしました。現在の幼稚園教諭等には、保護者の子育て環境などの変化や子どもの育ちを巡る環境に対応する力、幼児の家庭や地域社会における生活や発達・学びの連続性を保ちつつ教育を展開する力、特別な教育的配慮を要する幼児に対応する力、小学校等との連携を推進する力などの総合的な力量が必要とされています。さらに、子育てに関する保護者の多様で複雑な悩みを受けとめ、適切なアドバイスができる力など、深い専門性も求められています。

　一方で、近年の幼稚園教諭等には、幼児教育・保育を実践する上で必要となる資質が十分に備わっていない者も認められるとの指摘があります。近年は、幅広い生活体験や自然体験を十分に積むことなく教師等になっている場合も見られるため、多様な体験を取り入れながら自ら具体的に教育・保育を構想し、実践することがうまくできない者、あるいは教職員同士や保護者との良好な関係を構築することを苦手としている者も少なからずいることが懸念されています。

　現在、日本の幼児教育・保育業界は幼保一元化に向かって進んでいます。筆者の勤務する大学の所在地である岡山市でも少子化による学校・園の統廃合がしばしばみられるようになっています。異年齢保育を実施している園の増加や最近では、毎年1〜2園の公立保育所が認定こども園へ移行しています。幼稚園で「預かり保育」が実施され、保育所が「幼児教育の場」として保育所保育指針に明確に位置付けられています。

　幼稚園は教育、保育所は福祉と分けるのではなく、子どもを守り（養護＝Care）、子どもの発達を援助する（教育＝Education）という保育の本質を具体化し、「子どもの最善の利益を保障し、子ども自らの育つ力を支える」ために必要な知識と技術をしっかり身につけ、使いこなしていく必要があります。

　幼児教育の仕事は、簡単には上手くいかないこともあり、大変だと実感することがあるかもしれませんが、やりがいのある仕事です。子どもたちが遊びを通して、これから社会で生きていく基礎を作り、豊かな感性を身につける大切な時期を共に過ごしていく責任ある仕事＝とてもやりがいの

ある仕事です。子どもに対する愛情や責任感、仕事に対する使命感や誇りがもてる、何より社会的に仕事を期待されているのも幼児教育の魅力です。

　子どもの豊かな成長を支え、産んでよかったと思えるよう、保護者と子どもに寄り添い伴走することが重要な時代に、養成校での授業や実習園で学修した幼稚園教諭として必要な視点を常に意識することで、実際に幼児や保護者へかかわりをもつときの姿勢や、子育て支援を必要とする保護者をとらえるときの見方に具体的に生かしてください。

引用・参考文献

・『逐条解説　改正教育基本法』教育基本法研究会編著、第一法規、2007 年、p.143

・『幼稚園教育要領』文部科学省、フレーベル館、2017 年

・『幼稚園教育要領解説』文部科学省、フレーベル館、2018 年

・「Society5.0」内閣府、2021 年　https://www8.cao.go.jp/cstp/society5_0/index.html（2023/ 1 /17 現在）

・「幼稚園教育要領解説」文部科学省、2018 年

・「幼児期に育みたい資質・能力とは」無藤隆、2018 年、『幼児期の終わりまでに育ってほしい 10 の姿（無藤隆 編著）』東洋館出版社、p26

・「『幼児期の終わりまでに育ってほしい姿』とは」岩立京子、2018 年、『幼児期の終わりまでに育ってほしい 10 の姿（無藤隆 編著）』東洋館出版社、p34

・「幼児期の終わりまでに育ってほしい姿の明確化（整理イメージ）」中央教育審議会初等中等教育分科会教育課程部会幼児教育部会、2016 年

・「令和 2 年度学校基本調査（確定値）の公表について」文部科学省、2020 年

・「児童福祉施設最低基準」厚生労働省、2011 年

・「保育所等関連状況取りまとめ（令和 3 年 4 月 1 日）」厚生労働省、2021 年

・「認定こども園概要」内閣府　https://www8.cao.go.jp/shoushi/kodomoen/gaiyou.html（2022/12/27 現在）

・「認定こども園に関する留意点について」内閣府、2013 年

・「保育士・幼稚園教諭等を対象とした処遇改善（令和 4 年 2 月〜 9 月）について」内閣府、2022 年
https://www8.cao.go.jp/shoushi/shinseido/jigyousya.html（2022/12/27 現在）

・「学校評価ガイドライン」文部科学省、2016 年

・「令和 3 年（2021）人口動態統計月報年計（概数）の概況」厚生労働省、2021 年

・「平成 28 年生活のしづらさなどに関する調査」厚生労働省、2016 年

・「保育所等関連状況取りまとめ」厚生労働省、2019 年

・「保育者の働き方改革−働きやすい職場づくりの実践事例集−」佐藤和順、2021 年、中央法規

・「乳幼児をもつ母親のインターネット利用と子育て不安」『武庫川女子大学情報教育研究センター紀要（22）』藤谷智子、武庫川女子大学情報教育研究センター、2013 年、pp.25-28

・2021（令和 3 ）年国民生活基礎調査の概況
https://www.mhlw.go.jp/toukei/saikin/hw/k-tyosa/k-tyosa21/dl/12.pdf（2023 年 1 月 5 日アクセス）

・リクルートワークス研究所「全国就業実態パネル調査（JPSED）2020」出産離職
https://www.works-i.com/column/teiten/detail011003.html（2023 年 1 月 5 日アクセス）

・「中央教育審議会　初等中等教育審議会　資料 2 子どもを取り巻く環境の変化を踏まえた今後の幼児教育の在り方について（中間報告）（案）」文部科学省
https://www.mext.go.jp/b_menu/shingi/chukyo/chukyo3/siryo/attach/1395404.htm（2023 年 1 月 5 日アクセス）

・「幼保小の架け橋プログラム」文部科学省
https://www.mext.go.jp/a_menu/shotou/youchien/1258019_00002.htm（2023 年 1 月 5 日アクセス）

・「幼稚園教育要領（平成 29 年告示）解説」文部科学省、フレーベル館、2017 年

・「保育所保育指針（平成 29 年告示）」厚生労働省、フレーベル館、2017 年

・「小学校学習指導要領（平成 29 年告示）解説　総則編」文部科学省、2017 年

・「小学校学習指導要領（平成 29 年告示）解説　生活編」文部科学省、2017 年

・「子ども・子育て支援新制度」内閣府

　https://www8.cao.go.jp/shoushi/shinseido/index.html（2023 年 1 月 5 日アクセス）

・『実践につながる新しい幼児教育の方法と技術』大浦賢治・野津直樹編著、ミネルヴァ書房、2020 年

・『保育実践に求められる子育て支援』小原敏郎・三浦主博編著、ミネルヴァ書房、2019 年

・『子どもと家庭支援論　家族の多様性とジェンダーの理解』浅井春夫・所貞之編著、建帛社、2019 年

・『子ども家庭支援・子育て支援入門』才村純・芝野松次郎・新川泰弘、ミネルヴァ書房、2021 年

・『事例と演習でよくわかる　保育内容「環境」』駒井美智子・横山文樹編著、中央法規、2021 年

・「『令和の日本型学校教育』の構築を目指して〜全ての子供たちの可能性を引き出す、個別最適な学びと、
　協働的な学びの実現〜」中央教育審議会答申、2021 年

[監修・著者]

森元　眞紀子

　　勤 務 先　元中国学園大学・中国短期大学保育学科

　　執筆担当　第5章、第6章

　　実習生へのメッセージ

　　　教育実習！　今まで学んできたことを実際に体験できる機会です。
　　子どもたちにはもちろん、全てのことに自分の力を出し切って挑戦
　　してください。苦しさの中にも喜びや楽しさが潜んでいます。
　　さあ、自分の心で、体で、喜びや楽しさを感じ取りましょう。

[編 著 者]

小野　順子

　　勤 務 先　福山平成大学福祉健康学部こども学科

　　執筆担当　第2章、第3章、第4章、第8章

　　実習生へのメッセージ

　　　いよいよ大学で学んできた『環境を通して行う教育』の現場に行きま
　　す。今まで何となくでしかなかった理論が、具体化されるのが実習で
　　す。たくさんの子どもたちとの出会いがそれを可能にしてくれるでしょ
　　う。楽しんでください。

[著　　　者]

田中　修敬

　　勤 務 先　就実大学教育学部初等教育学科

　　執筆担当　第1章

　　実習生へのメッセージ

　　　教育実習は、皆さんに子どもと共に過ごす喜びを肌で感じさせてく
　　れることでしょう。同時に、先生と呼ばれることの責任と覚悟をも
　　たらせてくれるはずです。自ら心を開き、子どもに学ぶ姿勢をもっ
　　て、頑張って来てください！

山本　房子

勤　務　先　中国短期大学保育学科

執筆担当　第7章、第9章

実習生へのメッセージ

　幼児との生活は、季節や行事に彩られ、不思議や発見にあふれています。幼児と一緒に、笑ったり驚いたり、悩んだり考えたりしながら毎日を積み重ねていきましょう。

笠原　明衣

勤　務　先　岡山市職員

執筆担当　第7章

実習生へのメッセージ

　実習で経験したことは必ず生きてきます。

　実習での失敗、学びが自分自身を成長させますので、幼児との関わりを楽しみながら前向きに取り組んでくださいね。

福澤　惇也

勤　務　先　中国短期大学保育学科

執筆担当　第10章

実習生へのメッセージ

　幼児の世界は魅力に溢れています。また、大人にとって不思議だと感じることも山ほど起こります。その「面白さ」を肌で感じることが幼児教育の醍醐味です。実習に向けて、あなたの偉大な一歩を応援しています。

齊藤　佳子

勤　務　先　中国学園大学子ども学部子ども学科

執筆担当　第10章

実習生へのメッセージ

　本書を通して、一つひとつ丁寧に準備を重ね、実習に対する不安を解消していってください。積極的かつ意欲的に参加することで、幼児や保育について多くの新しい経験と貴重な学びが得られ、有意義な実習となるよう願っています。

〈執筆順〉

段階を追ってポイントが分かる

必携 幼稚園教育実習

2023年3月30日 初版発行

監修・著	森元眞紀子
編 著	小野 順子
著	田中 修敬・山本 房子
	笠原 明衣・福澤 惇也
	齊藤 佳子

発 行 ふくろう出版
〒700-0035 岡山市北区高柳西町1-23
友野印刷ビル
TEL：086-255-2181
FAX：086-255-6324
http://www.296.jp
e-mail：info@296.jp
振替 01310-8-95147

印刷・製本 友野印刷株式会社
ISBN978-4-86186-880-1 C3037 © 2023

定価はカバーに表示してあります。乱丁・落丁はお取り替えいたします。

付　録

自己評価の内容に対するコメント

　他の学生の自己評価及びその理由などを読み、自分の自己評価を振り返りながらコメントを記入してください。

コメント①（No.　　）

コメント②（No.　　）

コメント③（No.　　）

コメントを通しての感想と考察

考察（気づき・新たに見えた課題・自分の視点の特徴）を記入します。

①友だちの事例を読み、コメントをしてみて

②友だちからのコメントを読んでみて

番号　　　　　　名前

　　　　　　自己評価シート　（出展：「教育・保育実習のデザイン―実感を伴う
実習の学び」東京家政大学編、2010、萌文書林）

　他者の自己評価を読みコメントすることで、自己評価を相対化する活動です。共感的なコメントからお互いに学ぶことで、他者も同じような不安や課題を抱えていることを知り、勇気づけられます。また、自分の視点やこだわりが明確になって課題に気付くことが出来ます。

　下記の項目についてA～Eの5段階で自己評価を行い、その理由や評価に該当する具体的な事柄を記入して下さい。

【A：非常によい　B：よい　C：普通（とくに問題なし）　D：やや不十分　E：非常に不十分】

評価内容	自己評価	自己評価の理由やその具体的な内容など
①意欲 積極的に幼児の中にとけ込み、意欲的に実習に取り組めたか。		
②責任感 分担した仕事や幼児の指導に責任を持って当たったか。		
③研究的態度 積極的に質問するなど、絶えず問題意識を持って自主的に研究しようとする態度が見られたか。		
④協調性 指導者や他の教職員と協調的に行動できたか。		
⑤指導の計画 幼児の発達に則した計画の立案や教材研究ができたか。		
⑥指導の技術 幼児の興味や発達を考慮した環境の構成や幼児一人一人へ配慮した援助が適切にできたか。		
⑦事務処理 事務的な仕事や記録などが的確かつ迅速に処理できたか。		

ねらいを総合的に実現する遊び

　幼稚園教育の基本のひとつである「総合的な指導」（幼稚園教育のねらいが総合的に実現するように、常に幼児の遊びの展開に留意し、適切な指導をしなければならない）について考えます。

１．p5〜6の具体例を参考にして実習中の遊びのエピソードと「遊びの中で幼児が発達していると見られる姿」を5領域の観点から書きましょう。

２．他者の考えを知り、その結果気付いたことや感想を書きましょう。

実習園名　　　　　　　　　　　番号　　　　　名前

＿＿＿歳児　発達の特徴＿＿＿

発達の特徴を示す具体的な事例を思い出しまとめましょう。

	発達の特徴	事例
言　　葉		
人とのかかわり		
運　動　能　力		
健　康・安　全		
基本的生活習慣		
そ　の　他		

実習園名 ＿＿＿＿＿＿＿　番号 ＿＿＿＿　名前 ＿＿＿＿＿＿＿

子どもとのかかわり

1．自分自身の学習を振り返りましょう。

①個々の子どもに対してかかわった場面

②集団に対してかかわった場面

2．グループで話し合い、個に対してと集団に対してのかかわりについてまとめましょう。

①難しかったこと

②簡単だったこと

③子どもにかかわる時に大切なこと

実習園名　　　　　　　　番号　　　　　名前